Il Sapore della Thailandia 2023

Esplora la Cucina Thai con le Migliori Ricette Tradizionali

Nattaya Wong

Sommario

introduzione	8
Involtini primavera di granchio	10
Patatine fritte tailandesi	12
Tofu fritto con salse da immersione	17
Tom Yum	19
Zuppa Di Pollo E Limone	21
Zuppa di manzo speziata tailandese con tagliatelle	25
Zuppa Di Mango Fredda	27
Insalata Di Manzo Ardente	29
Insalata di gamberetti piccante	32
Insalata di cetrioli in agrodolce	34
Insalata di melone piccante	36
Manzo caldo e acido	38
Manzo saltato in padella con menta	40
Maiale con aglio e pepe nero	42
Manzo alla cannella	44
Pollo allo zenzero	46
Pollo al basilico	48
Pollo con pepe nero e aglio	50
Pollo al cocco e peperoncino	52
Filetti Di Lime E Zenzero	54
Frutti di mare saltati in padella	59
Capesante al Basilico	60
Frittura vegetariana	61
Cavolfiore arrosto	64
Okra fritto in stile tailandese	65

Piselli spezzati saltati in padella e germogli di soia	67
Pad Thai	69
Tagliatelle in padella	72
Tagliatelle vegetariane al sesamo	74
Tagliatelle al lime fiorito	76
Riso appiccicoso di base	81
Riso fritto dell'Estremo Oriente	83
Riso allo zenzero	85
Sciocco di mango	89
Gelato all'anguria	91
Tè freddo tailandese facile	93
Bastoncini Di Carote Asiatiche	94
Guacamole in stile tailandese	96
Insalata di pollo tailandese	98
Insalata di patate alle arachidi	100
Hamburger del sud-est asiatico	102
Pollo in camicia alle spezie	104
Verdure a cinque spezie	106
Patate Dolci Della Penisola	109
Pollo al miele	111
Frutta allo sciroppo di sherried	113
Manzo croccante con salsa al curry	115
Brasato Di Manzo Al Curry	116
Manzo al curry saltato in padella	117
Manzo con aglio	119
Manzo allo zenzero	120
Manzo Cotto Rosso Con Zenzero	121
Manzo con fagiolini	122
Manzo caldo	123

Straccetti Di Manzo Caldi 125
Manzo con Mangetout 127
Brasato Di Manzo Marinato 128
Manzo saltato in padella e funghi 130
Manzo saltato in padella marinato 131
Brasato Di Manzo Con Funghi... 132
Manzo saltato in padella con tagliatelle 134
Manzo con spaghetti di riso 136
Manzo con Cipolle 137
Manzo e piselli... 138
Manzo scoppiettante di cipolle saltate in padella 139
Manzo con scorza d'arancia essiccata 141
Manzo con salsa di ostriche... 142
Manzo al pepe 143
Bistecca al pepe... 144
Manzo con Peperoni 146
Straccetti di manzo saltati in padella con peperoni verdi 147
Manzo con sottaceti cinesi 148
Bistecca con patate 149
Manzo Cotto Rosso 151
Manzo saporito.. 152
Manzo tritato 153
Manzo tagliuzzato in stile familiare 154
Manzo speziato tritato... 156
Manzo marinato con spinaci 157
Manzo di fagioli neri con cipollotti 159
Manzo saltato in padella con cipollotti 161
Manzo e cipollotti con salsa di pesce 162
Manzo al vapore.. 163

Stufato di manzo 164
Petto Di Manzo Stufato 166
Manzo saltato in padella 168
Strisce Di Bistecca 169
Manzo al vapore con patate dolci 171
Filetto di manzo 172
Toast Di Manzo 173
Carne di manzo al tofu e peperoncino tritata 174
Manzo con Pomodori 176
Manzo Cotto Rosso Con Rape 177
Manzo con Verdure 178
Stufato Di Manzo 180
Bistecca Ripiena 181
Gnocchi Di Manzo 183
Polpette Croccanti 185
Manzo macinato con anacardi 187
Manzo in salsa rossa 188
Polpette di manzo con riso glutinoso 189
Polpette con salsa agrodolce 190
Budino Di Carne Al Vapore 193
Manzo Macinato Al Vapore 194
Macinato saltato in padella con salsa di ostriche 195
Involtini Di Manzo 196
Polpette di manzo e spinaci 197
Manzo saltato in padella con tofu 198
Agnello con asparagi 200
Agnello alla brace 202
Agnello con fagiolini 203
brasato di agnello 205

Agnello con Broccoli 207
Agnello con castagne d'acqua 209
Agnello con cavolo 211
Chow mein di agnello 213
Curry di agnello 215
Agnello profumato 217
Cubetti Di Agnello Alla Griglia 219

introduzione

L'armonia è il nome del gioco quando si tratta di cucina tailandese. L'equilibrio di sapori dolci, salati, aspri, amari e piccanti è essenziale, non solo nella maggior parte dei piatti, ma anche nel contesto del pasto tailandese in generale. Gli agenti aromatizzanti chiave che si trovano in una cucina tailandese includono cocco, lime, peperoncino, aglio, zenzero, coriandolo e pesce essiccato (per fare la salsa di pesce). Questi ingredienti sono basilari come lo sono il sale e il pepe in una cucina occidentale.

Tutti questi alimenti sono originari del continente asiatico con una notevole eccezione: i peperoncini, che i portoghesi introdussero in Asia nel sedicesimo secolo dopo averli "scoperti" nel Nuovo Mondo. Questa è forse una delle influenze più profonde sulla cucina thailandese, poiché la moderna cucina thailandese è quasi impossibile da immaginare senza il calore dei peperoncini. Tuttavia, i portoghesi non sono gli unici ad aver influenzato in modo significativo la cucina thailandese così come la conosciamo oggi. I cinesi hanno introdotto il concetto di frittura, gli indiani hanno portato il curry e gli indonesiani hanno introdotto numerose spezie.

Ricca di pesce, verdure, frutta e riso e povera di carne e latticini, la cucina tailandese è proprio ciò che il dottore ha ordinato. Questi alimenti sono ricchi di carotenoidi, flavonoidi e vitamine antiossidanti, tutti noti per ridurre il cancro. In effetti, i thailandesi hanno la più bassa incidenza di cancro del tratto digerente di tutte le persone.

Abbiamo raccolto 50 delle ricette migliori e più gustose da provare nella tua cucina. Chi dice che devi andare in Tailandia, o anche in un ristorante tailandese per avere un pasto delizioso?

Involtini primavera di granchio

Rompi il tuo wok: è stato creato per piatti come questo! Prendi in considerazione l'idea di aggiungere un altro strato di sapore gettando mezzo chilo di gamberi tagliati e tritati nel mix.

Produce 15 rotoli

ingredienti

1 libbra di polpa di granchio, raccolta per rimuovere eventuali gusci e sminuzzata

1 cucchiaio di maionese

¼–½ cucchiaino di buccia di lime grattugiata

15 involucri per involtini primavera o involtini di uova

2 tuorli d'uovo, leggermente sbattuti

Olio di canola per friggere

15 foglie di lattuga Boston piccole e tenere

Foglie di menta

Foglie di prezzemolo

1. In una piccola ciotola, mescolare la polpa di granchio con la maionese e la scorza di lime.

2. Metti 1 cucchiaio di miscela di polpa di granchio al centro di 1 involucro di involtino primavera. Piega un'estremità appuntita dell'involucro sopra la polpa di granchio, quindi piega la punta opposta sopra la parte superiore della punta piegata. Spennellare un po 'di tuorlo d'uovo sopra la parte superiore dell'involucro esposto, quindi piegare la punta inferiore sulla polpa di granchio e arrotolare per formare un pacchetto stretto; accantonare. Ripeti con la polpa di granchio e gli involucri rimanenti.

3. Scaldare l'olio a 365 gradi in una padella o in una friggitrice. Friggere gli involtini da 3 a 4 alla volta per circa 2 minuti, finché non diventano dorati; scolare su salviette di carta.

4. Per servire, avvolgere ogni involtino primavera in un involucro con un singolo pezzo di lattuga e una spolverata di menta e prezzemolo. Servire con la vostra salsa di immersione preferita.

Patatine fritte tailandesi

Il tuo mercato asiatico locale dovrebbe contenere ingredienti come la radice di taro e la farina di riso appiccicoso (ovvero farina di riso glutinoso o farina di riso dolce). Quest'ultimo è anche ampiamente disponibile online.

Serve 4-8

ingredienti

2 patate dolci di medie dimensioni

4 platani verdi

Radice di taro da 1 libbra

1 tazza di farina di riso

1 tazza di farina di riso appiccicoso

Acqua

1 cucchiaino di pepe nero

1 cucchiaino di sale

2 cucchiai di zucchero

3 cucchiai di semi di sesamo nero

1 sacchetto da 14 once di cocco zuccherato grattugiato

1. Sbucciare gli ortaggi a radice e tagliarli in strisce piatte spesse 1/3 di pollice lunghe circa 3 pollici e larghe 1 pollice.

2. Unire le farine in una ciotola capiente e mescolare in 1/2 tazza d'acqua. Continua ad aggiungere acqua 1/4 tazza alla volta fino a formare una miscela simile alla pastella per pancake. Mescolare gli ingredienti rimanenti.

3. Riempi una casseruola di medie dimensioni da un terzo a metà con olio vegetale. Riscaldare l'olio a fuoco alto fino a quando non è molto caldo, ma non fumare.

4. Aggiungere un po' di verdure alla pastella, ricoprendole bene. Usando un cucchiaio forato o un colino asiatico, metti le verdure nell'olio caldo. (Fai attenzione qui: l'olio potrebbe schizzare.) Friggi le verdure, girandole di tanto in tanto, fino a doratura. Trasferisci le verdure fritte in una pila di salviette di carta per drenarle, quindi servi immediatamente.

Wonton fritti

Quando gli involtini primavera più leggeri non lo taglieranno, opta per questi wonton soddisfacenti! Diventa creativo con il ripieno; sostituire il pollo con il maiale o aggiungere il cavolo tritato per una versione vegetariana.

Produce circa 25 wonton

ingredienti

1 spicchio d'aglio, tritato

2 cucchiai di coriandolo, tritato

1 cucchiaio di salsa di soia

1/2 tazza di funghi bianchi, tritati

Pizzicare il pepe bianco

1/2 libbra di maiale macinato

25 pelli wonton

Olio vegetale per friggere

1. In una terrina di medie dimensioni, unire accuratamente l'aglio, il coriandolo, la salsa di soia, i funghi, il pepe bianco e la carne di maiale macinata.

2. Per preparare i wonton, metti circa 1/2 cucchiaino di ripieno al centro di una buccia di wonton. Piega il wonton da un angolo all'altro, formando un triangolo. Premere i bordi insieme per sigillare chiuso. Ripeti con le pelli rimanenti e il ripieno.

3. Aggiungi circa 2-3 pollici di olio vegetale in una friggitrice o wok. Riscaldare l'olio a fuoco medio fino a raggiungere circa 350 gradi. Aggiungi con cura i wonton, due o tre alla volta. Friggetele finché non saranno dorate, girandole continuamente. Trasferisci i wonton cotti a scolare su carta assorbente man mano che sono pronti.

4. Servi i wonton con salsa agrodolce o con la salsa che preferisci.

Tofu fritto con salse da immersione

Il tofu è disponibile in diverse consistenze: setoso, sodo ed extra sodo. Per risultati migliori e più salutari, scegli un tofu extra sodo e non OGM e scola e premi tra salviette di carta o strofinacci puliti prima di tagliarli a cubetti e immergerli nell'olio preparato.

Serve 2-4

ingredienti

1 confezione di tofu, tagliato a cubetti

Olio vegetale per friggere

Salse da immersione a scelta

1. Aggiungi circa 2-3 pollici di olio vegetale in una friggitrice o wok. Riscaldare l'olio a fuoco medio fino a raggiungere circa 350 gradi. Aggiungi con cura alcuni pezzi di tofu, assicurandoti di non sovraccaricarli; friggere fino a doratura, girando continuamente. Trasferire il tofu fritto su salviette di carta per drenare man mano che ogni lotto viene cotto.

2. Servi il tofu con una scelta di salse per immersione, come salsa agrodolce, salsa di arachidi o salsa alla menta.

Tom Yum

Un alimento base nella cucina thailandese, la citronella fresca e profumata viene venduta in mazzi da tre a cinque lunghi circa un piede. Puoi anche trovare varietà pronte per l'uso nel reparto congelatore di un mercato asiatico.

Serve 4-6

ingredienti

4-5 tazze d'acqua

3 scalogni, tritati finemente

2 gambi di citronella, ammaccati e tagliati in segmenti lunghi 1 pollice

2 cucchiai di salsa di pesce

2 cucchiai di zenzero fresco, tritato

20 gamberi di media grandezza, sgusciati ma con la coda rimasta

1 lattina di funghi cannuccia, scolati

2-3 cucchiaini di foglie di lime kaffir affettate o scorza di lime

3 cucchiai di succo di lime

2–3 peperoncini tailandesi, privati dei semi e tritati

1. Versare l'acqua in una pentola da zuppa di medie dimensioni. Aggiungere lo scalogno, la citronella, la salsa di pesce e lo zenzero. Portare a ebollizione, abbassare la fiamma e cuocere a fuoco lento per 3 minuti.

2. Aggiungere i gamberi e i funghi e cuocere fino a quando i gamberi diventano rosa. Mescolare la scorza di lime, il succo di lime e il peperoncino.

3. Coprire e togliere dal fuoco. Lasciare in infusione la zuppa per 5-10 minuti prima di servire.

Zuppa Di Pollo E Limone

Solo 40 minuti di preparazione e cottura ti consentono di increspare e goderti questa zuppa leggermente dolce e leggermente pungente, ricca di classici ingredienti tailandesi.

Serve 4-6

ingredienti

½ tazza di fette di limone, compresa la buccia

3 cucchiai di salsa di pesce

1½ cucchiaini di peperoncino piccante fresco, privato dei semi e tritato

2 cipolle verdi, affettate sottilmente

11/2 cucchiaini di zucchero

11/2 tazze di latte di cocco

2 tazze di brodo di pollo

3 cucchiaini di citronella, sbucciata e tritata

1 tazza di funghi di paglia

1 cucchiaio di zenzero fresco, tritato

1 petto di pollo intero disossato e senza pelle, lessato e sminuzzato

1. Unire le fette di limone, la salsa di pesce, il peperoncino, la cipolla verde e lo zucchero in una piccola ciotola di vetro; accantonare.

2. Unire il latte di cocco, il brodo di pollo, la citronella, i funghi e lo zenzero in una casseruola. Portare a ebollizione, abbassare la fiamma e cuocere a fuoco lento per 20-25 minuti. Aggiungere il composto di pollo e limone; calore attraverso.

3. Per servire, mestolo in ciotole riscaldate.

Zuppa di manzo speziata tailandese con tagliatelle

Se rifornisci la tua dispensa di spezie tailandesi e graffette come salsa di pesce, salsa chili, zenzero e spaghetti di riso, sarai in grado di preparare una zuppa elegante come questa ogni volta che hai del manzo avanzato nel tuo frigorifero.

Serve 4-6

ingredienti

8 tazze di brodo di manzo

1 anice stellato intero, tritato

1 bastoncino di cannella (2 pollici).

2 (1/4 di pollice) pezzi di radice di zenzero sbucciata

8 once di spaghetti di riso, ammollati in acqua calda per 10 minuti, scolati e sciacquati in acqua fredda

1 gambo di citronella, le foglie esterne dure rimosse, il nucleo interno schiacciato e tritato

3/4 tazza di arrosto di manzo avanzato, tritato o sminuzzato

1/4 tazza di salsa di pesce

1 cucchiaio di salsa di peperoncino e aglio preparata

2½ cucchiai di succo di lime

3-4 cucchiaini (o qb) di sale

Pepe nero appena macinato a piacere

1. In una casseruola di medie dimensioni, fai sobbollire il brodo di manzo, l'anice stellato, la stecca di cannella e lo zenzero a fuoco basso per 30-40 minuti.
2. Filtrare il brodo e tornare nella casseruola.
3. Aggiungi i noodles, la citronella, la carne tritata, la salsa di pesce, la salsa chili e l'aglio. Portare a ebollizione la zuppa a fuoco medio. Ridurre il calore e cuocere a fuoco lento per 5 minuti. Mescolare il succo di lime, sale e pepe.

Zuppa Di Mango Fredda

Per ridurre ancora di più la dolcezza e dare un tocco in più a questa zuppa salata, tralasciare lo zucchero e aggiungere invece un pizzico di pepe di Caienna e scaglie di peperoncino.

Serve 2-4

ingredienti

2 mango grandi, sbucciati, snocciolati e tritati

1 1/2 tazze di brodo di pollo o vegetale, freddo

1 tazza di yogurt bianco

1 cucchiaino di zucchero (facoltativo)

1 cucchiaio di sherry secco

Sale e pepe bianco a piacere

1. Mettere tutti gli ingredienti in un frullatore o in un robot da cucina e lavorare fino a che liscio. Regola i condimenti.

2. Questa zuppa può essere servita immediatamente o refrigerata fino al momento del bisogno. Se refrigerate la zuppa, lasciatela riposare a temperatura ambiente

per circa 10 minuti prima di servirla per togliere un po' di freddo.

Insalata Di Manzo Ardente

Servire come insalata di antipasto sostanzioso o ridurre le dimensioni della porzione e presentare come primo piatto piccante. Ad ogni modo, ti consigliamo di preparare un condimento extra da tenere a portata di mano!

Serve 2-4

ingredienti

Per il condimento:

¼ tazza di foglie di basilico

2 cucchiai di peperoncini serrano, tritati

2 spicchi d'aglio

2 cucchiai di zucchero di canna

2 cucchiai di salsa di pesce

¼ cucchiaino di pepe nero

¼ tazza di succo di limone

Per l'insalata:

Bistecca di manzo da 1 libbra

Sale e pepe a piacere

1 gambo di citronella, le foglie esterne rimosse e scartate, il gambo interno affettato finemente

1 cipolla rossa piccola, affettata finemente

1 cetriolo piccolo, affettato finemente

1 pomodoro, affettato finemente

½ tazza di foglie di menta

Bibb o foglie di lattuga romana

1. Unire tutti gli ingredienti del condimento in un frullatore e lavorare fino a quando non saranno ben incorporati; accantonare.
2. Condisci la bistecca con sale e pepe. Su un fuoco caldo, grigliare a medio-raro (oa proprio piacimento). Trasferisci la bistecca su un piatto, copri con un foglio e lascia riposare per 5-10 minuti prima di tagliarla.
3. Tagliare la carne di manzo a fettine sottili.
4. Metti le fette di manzo, l'eventuale sugo dal piatto e gli altri ingredienti dell'insalata, tranne la lattuga, in una ciotola capiente. Aggiungere il condimento e mescolare per ricoprire.

5. Per servire, adagiare le foglie di lattuga su piatti individuali e adagiarvi sopra il composto di manzo.

Insalata di gamberetti piccante

Il calore della salsa al peperoncino riproduce i freschi sapori di lime e menta in questa memorabile insalata. Soprattutto, si riunisce in un pizzico.

Serve 2-4

ingredienti

Per il condimento:

3 cucchiai di zucchero

4 cucchiai di salsa di pesce

1/3 tazza di succo di lime

2 cucchiai di salsa chili preparata

Per l'insalata:

3/4 libbra di gamberi cotti

1/4 tazza di menta, tritata

1 cipolla rossa piccola, affettata sottilmente

2 cipolle verdi, tagliate e affettate sottilmente

2 cetrioli, sbucciati e affettati sottilmente

Foglie di lattuga Bibb

1. In una piccola ciotola, unisci tutti gli ingredienti del condimento. Mescolare fino a quando lo zucchero non si scioglie completamente.

2. In una grande ciotola, unisci tutti gli ingredienti dell'insalata tranne la lattuga. Versare il condimento e mescolare per ricoprire.

3. Per servire, disporre le foglie di lattuga su piatti individuali. Montare una porzione di insalata di gamberi sopra le foglie. Servire subito.

Insalata di cetrioli in agrodolce

Questa ricetta sbalorditiva è in effetti un rapido decapaggio; per intensificare i sapori lasciate in frigo ancora più a lungo!

Serve 2-4

ingredienti

5 cucchiai di zucchero

1 cucchiaino di sale

1 tazza di acqua bollente

½ tazza di riso o aceto bianco

2 cetrioli medi, privati dei semi e affettati

1 cipolla rossa piccola, affettata

2 peperoncini tailandesi, senza semi e tritati

1. In una piccola ciotola, unire lo zucchero, il sale e l'acqua bollente. Mescolare per sciogliere completamente lo zucchero e il sale. Aggiungere l'aceto e lasciare raffreddare la vinaigrette a temperatura ambiente.

2. Metti i cetrioli, le fette di cipolla e i peperoncini in una ciotola di medie dimensioni. Versare il condimento sulle verdure. Coprire e lasciare marinare in frigorifero almeno fino a freddo, preferibilmente durante la notte.

Insalata di melone piccante

Un piatto estivo per eccellenza, abbinalo a carne alla griglia e un piatto di noodle salati freddi per un'impressionante cena tailandese da gustare all'aperto.

Serve 4-6

ingredienti

6 tazze di cubetti di melone assortiti

2 cetrioli, sbucciati, tagliati a metà, senza semi e affettati

6-8 cucchiai di succo di lime

Scorza di 1 lime

¼ tazza di miele

1 peperoncino serrano, privato dei semi e tritato (per un'insalata più piccante, lascia i semi dentro)

¼ cucchiaino di sale

1. In una ciotola capiente unire il melone e il cetriolo.
2. Mescolare gli ingredienti rimanenti insieme in una piccola ciotola. Versare sopra la frutta e mescolare bene per ricoprire.

3. Servire immediatamente, o se ti piace un sapore più piccante, lascia riposare l'insalata per un massimo di 2 ore per consentire al peperoncino di svilupparsi.

Manzo caldo e acido

La salsa di soia dolce scura, che contiene melassa, conferisce a questo piatto un sapore nettamente diverso, quindi resisti all'impulso di sostituirla con la soia tradizionale, che non è così ricca ed è molto più salata.

Serve 1-2

ingredienti

1 cucchiaio di succo di lime

1 cucchiaio di salsa di pesce

1 cucchiaio di salsa di soia scura e dolce

3 cucchiai di cipolla, tritata

1 cucchiaino di miele

1 cucchiaino di peperoncino secco in polvere

1 cipolla verde, mondata e affettata sottilmente

1 cucchiaino di coriandolo, tritato

Bistecca di controfiletto da 1 1/2 libbre

Sale e pepe a piacere

1. Prepara la salsa unendo accuratamente i primi otto ingredienti; accantonare.

2. Condisci la bistecca con sale e pepe, quindi grigliala o cuocila alla griglia fino a quando preferisci. Rimuovere la bistecca dalla griglia, coprire con un foglio e lasciare riposare per 5-10 minuti.

3. Affettare sottilmente la bistecca, tagliando attraverso il grano.

4. Disporre i pezzi su un piatto da portata o su 1 o 2 piatti piani. Versare la salsa sopra. Servire con riso e verdure di contorno.

Manzo saltato in padella con menta

Prepara il tuo riso nella pentola a cottura lenta al mattino e puoi cenare in tavola in pochi minuti con questo soffritto veloce, facile e gradito alla folla.

Serve 4-6

ingredienti

7–14 (a piacere) peperoncini serrano, privati dei semi e tritati grossolanamente

¼ tazza di aglio, tritato

¼ tazza di cipolla gialla o bianca, tritata

¼ tazza di olio vegetale

Bistecca di fianco da 1 libbra, tagliata a strisce sottili

3 cucchiai di salsa di pesce

1 cucchiaio di zucchero

½–¾ tazza d'acqua

½ tazza di foglie di menta, tritate

1. Usando un mortaio e un pestello o un robot da cucina, macina insieme i peperoncini, l'aglio e la cipolla.

2. Scaldare l'olio a fuoco medio-alto in un wok o in una padella capiente. Aggiungere la miscela di peperoncino macinato all'olio e saltare in padella per 1 o 2 minuti.

3. Aggiungere la carne e saltare in padella fino a quando non inizia a rosolare.

4. Aggiungere gli altri ingredienti, regolando la quantità di acqua in base alla densità che si desidera ottenere.

5. Servire con abbondante riso al gelsomino.

Maiale con aglio e pepe nero

Se non ne possiedi uno, investi in un mortaio e un pestello, uno strumento che rende facile schiacciare l'aglio in questa ricetta e ti consente di rilasciare sapori intensi da erbe e spezie.

Serve 2

ingredienti

10-20 spicchi d'aglio, schiacciati

2–2½ cucchiaini di pepe nero in grani, macinati grossolanamente

4 cucchiai di olio vegetale

1 filetto di maiale, privato del grasso e tagliato a medaglioni spessi circa 1/4 di pollice

¼ tazza di salsa di soia nera dolce

2 cucchiai di zucchero di canna

2 cucchiai di salsa di pesce

1. Mettere l'aglio e il pepe nero in un piccolo robot da cucina e lavorare brevemente per formare una pasta grossolana; accantonare.

2. Scaldare l'olio in un wok o in una padella capiente a fuoco medio-alto. Quando l'olio è caldo, aggiungere la pasta di aglio e pepe e soffriggere fino a quando l'aglio diventa dorato.

3. Alzare la fiamma al massimo e unire i medaglioni di maiale; saltare in padella per 30 secondi.

4. Aggiungere la salsa di soia e lo zucchero di canna, mescolando fino a quando lo zucchero non si sarà sciolto.

5. Aggiungere la salsa di pesce e continuare a cuocere fino a quando il maiale è cotto, circa altri 1 o 2 minuti.

Manzo alla cannella

La cannella ha dimostrato di avere effetti positivi sul colesterolo e sul diabete di tipo 2. Ha anche proprietà antinfiammatorie, quindi aggiungi spezie alla tua carne e ottieni benefici per la salute nel processo!

Serve 4

ingredienti

1 1/2 litri d'acqua

2 cucchiai di zucchero

2 anice stellato intero

5 cucchiai di salsa di soia

1 spicchio d'aglio, schiacciato

2 cucchiai di salsa di soia dolce

1 pezzo (2 pollici) di bastoncino di cannella

5 rametti di coriandolo

1 gambo di sedano, affettato

Lombata di manzo da 1 libbra, tagliata da tutto il grasso e tagliata a cubetti da 1 pollice

1 foglia di alloro

1. Metti l'acqua in una pentola capiente e porta ad ebollizione. Ridurre il fuoco al minimo e aggiungere gli altri ingredienti.

2. Cuocere a fuoco lento, aggiungendo altra acqua se necessario, per almeno 2 ore o fino a quando la carne è completamente tenera. Se possibile, lascia riposare la carne stufata in frigorifero per una notte.

3. Per servire, metti le tagliatelle o il riso sul fondo di 4 ciotole. Aggiungere i pezzi di manzo e poi versare sopra il brodo. Cospargere con coriandolo tritato o cipolle verdi affettate, se lo si desidera. Passa una salsa di aceto e peperoncino a tua scelta come salsa per la carne.

Pollo allo zenzero

Lo zenzero fresco grattugiato è sempre la scelta ideale per il sapore più brillante della cucina tailandese, ma puoi prolungare indefinitamente la vita delle tue radici sbucciandole, tritandole e immergendole nella vodka.

Serve 2

ingredienti

2 cucchiai di salsa di pesce

2 cucchiai di salsa di soia scura

2 cucchiai di salsa di ostriche

3 cucchiai di olio vegetale

1 cucchiaio di aglio, tritato

1 petto di pollo intero disossato e senza pelle, tagliato a pezzetti

1 tazza di funghi domestici affettati

3 cucchiai di zenzero grattugiato

Un pizzico di zucchero

3 cucchiai di cipolla, tritata

2-3 peperoncini habanero o occhio di pernice

Riso al gelsomino, cotto secondo le indicazioni sulla confezione

3 cipolle verdi, tagliate e tagliate a pezzi da 1 pollice

Coriandolo a piacere

1. In una piccola ciotola unire le salse di pesce, soia e ostriche; accantonare.

2. Scaldare l'olio in un grande wok fino a quando è molto caldo. Aggiungere l'aglio e il pollo e saltare in padella solo fino a quando il pollo inizia a cambiare colore.

3. Aggiungere la salsa riservata e cuocere fino a quando non inizia a sobbollire, mescolando continuamente.

4. Aggiungi i funghi, lo zenzero, lo zucchero, la cipolla e i peperoncini; cuocere a fuoco lento fino a quando il pollo è cotto, circa 8 minuti.

5. Per servire, versa il pollo sopra il riso al gelsomino e condisci con cipolla verde e coriandolo.

Pollo al basilico

Per un piatto dal sapore più audace, usa il basilico tailandese (che può essere identificato dal suo gambo viola) invece del basilico dolce. Ritroverai sapori e aromi di liquirizia, cannella e menta in questa varietà.

Serve 4

ingredienti

2 cucchiai di salsa di pesce

1½ cucchiaio di salsa di soia

1 cucchiaio di acqua

1 1/2 cucchiaini di zucchero

2 petti di pollo interi disossati e senza pelle, tagliati a cubetti da 1 pollice

2 cucchiai di olio vegetale

1 cipolla grande, tagliata a fettine sottili

3 peperoncini tailandesi, senza semi e affettati sottilmente

3 spicchi d'aglio, tritati

1 1/2 tazze di foglie di basilico tritate, divise

1. In una ciotola di medie dimensioni, unire la salsa di pesce, la salsa di soia, l'acqua e lo zucchero. Aggiungere i cubetti di pollo e mescolare per ricoprire. Lasciate marinare per 10 minuti.

2. In una padella capiente o wok, scaldare l'olio a fuoco medio-alto. Aggiungere la cipolla e soffriggere per 2 o 3 minuti. Aggiungere i peperoncini e l'aglio e continuare a cuocere per altri 30 secondi.

3. Usando una schiumarola, rimuovi il pollo dalla marinata e aggiungilo alla padella (riserva la marinata). Soffriggi fino a cottura quasi ultimata, circa 3 minuti.

4. Aggiungere la marinata riservata e cuocere per altri 30 secondi. Togli la padella dal fuoco e aggiungi 1 tazza di basilico.

5. Guarnire con il basilico rimanente e servire con il riso.

Pollo con pepe nero e aglio

Cucinare questa ricetta per la tua famiglia è un ottimo modo per introdurli delicatamente ai sapori tailandesi. Servi insieme a riso al gelsomino e qualche pezzetto di mango fresco per conquistarli davvero!

Serve 4-6

ingredienti

1 cucchiaio di grani di pepe nero intero

5 spicchi d'aglio, tagliati a metà

2 libbre di petti di pollo disossati e senza pelle, tagliati a listarelle

⅓ tazza di salsa di pesce

3 cucchiai di olio vegetale

1 cucchiaino di zucchero

1. Usando un mortaio e un pestello o un robot da cucina, unisci i grani di pepe nero con l'aglio.

2. Metti le strisce di pollo in una ciotola capiente. Aggiungere la miscela di aglio e pepe e la salsa di pesce e mescolare per unire.

3. Coprire la ciotola, metterla in frigorifero e lasciare marinare per 20-30 minuti.

4. Scaldare l'olio vegetale a fuoco medio in un wok o in una padella. Quando è caldo, aggiungi il composto di pollo e salta in padella fino a cottura ultimata, circa 3-5 minuti.

5. Mescolare lo zucchero. Aggiungi altro zucchero o salsa di pesce a piacere.

Pollo al cocco e peperoncino

Dimentica il cibo da asporto tailandese! Quando lo crei da zero nella tua cucina, assume una dimensione completamente nuova. Per un assaggio dei tropici, questo mix di ingredienti è imbattibile.

Serve 2-3

ingredienti

2-4 peperoncini serrano, gambi e semi rimossi

1 gambo di citronella, la parte interna tritata grossolanamente

2 strisce (2 pollici di lunghezza, 1/2 pollici di larghezza) di buccia di lime

2 cucchiai di olio vegetale

1/2 tazza di latte di cocco

1 petto di pollo intero disossato e senza pelle, tagliato a listarelle sottili

2-4 cucchiai di salsa di pesce

10-15 foglie di basilico

1. Mettere i peperoncini, la citronella e la scorza di lime in un robot da cucina e lavorare fino a macinarli.

2. Scaldare l'olio a fuoco medio-alto in un wok o in una padella capiente. Aggiungere la miscela di peperoncino e rosolare per 1 o 2 minuti.

3. Mescolare il latte di cocco e cuocere per 2 minuti.

4. Aggiungere il pollo e cuocere fino a quando il pollo è cotto, circa 5 minuti.

5. Ridurre il fuoco al minimo e aggiungere la salsa di pesce e le foglie di basilico a piacere.

6. Servire con abbondante riso al gelsomino.

Filetti Di Lime E Zenzero

Questa cena racchiude molta nutrizione e sapore senza essere un peso da preparare. Per un filetto leggero, assicurati di essere vigile nel guardare la griglia in modo da non cuocere troppo.

Serve 2-4

ingredienti

4 cucchiai di burro non salato, a temperatura ambiente

2 cucchiaini di scorza di lime

½ cucchiaino di zenzero macinato

½ cucchiaino di sale

4 filetti di pesce, come coregone, pesce persico o luccio

Sale e pepe nero appena macinato

1. Preriscalda la griglia.
2. In una piccola ciotola, unire bene il burro, la scorza di lime, lo zenzero e ½ cucchiaino di sale.
3. Condire leggermente i filetti con sale e pepe e adagiarli su una teglia.

4. Cuocere per 4 minuti. Spennellare ogni filetto con un po' di burro allo zenzero e lime e continuare a cuocere alla griglia per 1 minuto o fino a quando il pesce non sarà cotto a proprio piacimento.

Pesce alla griglia asiatico veloce

Se sei preoccupato per la sostenibilità, potresti prendere in considerazione la fonte del tuo pesce. Secondo The Environmental Defense Fund, lo sgombro è la scelta migliore, seguito dal branzino nero; Il branzino cileno è nella lista dei "peggiori ecologici".

Serve 4-6

ingredienti

1 pesce intero, come branzino o sgombro, pulito

4 cucchiai di coriandolo, tritato

3 cucchiai di aglio tritato, diviso

1 cucchiaino di pepe nero appena macinato

3 cucchiai di succo di lime

1 cucchiaio di peperoncino jalapeño, affettato

2 cucchiaini di zucchero di canna

1. Sciacquare rapidamente il pesce sotto l'acqua fredda. Asciugare con salviette di carta. Adagiare il pesce su un grande foglio di carta stagnola.

2. Mettere il coriandolo, 2 cucchiai di aglio e il pepe nero in un robot da cucina e lavorare per formare una pasta densa.

3. Strofina la pasta su tutto il pesce, sia dentro che fuori. Avvolgere strettamente il pesce nella carta stagnola.

4. Per preparare la salsa, metti l'aglio rimanente, il succo di lime, i jalapeños e lo zucchero di canna in un robot da cucina e pulsa fino a quando non saranno combinati.

5. Mettere il pesce su una griglia preparata e cuocere per 5-6 minuti per lato o fino a quando la carne diventa opaca quando viene forata con la punta di un coltello.

6. Servire il pesce con la salsa.

Frutti di mare saltati in padella

Niente batte il pesce fresco, ma è conveniente fare scorta quando i tuoi preferiti sono in vendita, congelarli e spezzarli quando brami questo saporito soffritto.

Serve 2-4

ingredienti

3 cucchiai di olio vegetale

3 cucchiaini di aglio, tritato

2 scalogni, tritati

1 gambo di citronella, ammaccato

¼ tazza di basilico, tritato

1 barattolo di germogli di bambù, sciacquati e scolati

3 cucchiai di salsa di pesce

Pizzico di zucchero di canna

1 chilo di gamberi freschi, capesante o altri frutti di mare, puliti

Riso, cotto secondo le indicazioni sulla confezione

1. Scaldare l'olio in una padella o wok a fuoco alto. Aggiungere l'aglio, lo scalogno, la citronella e il basilico e rosolare per 1 o 2 minuti.

2. Ridurre il fuoco, aggiungere gli ingredienti rimanenti e saltare in padella fino a quando il pesce non è fatto a proprio piacimento, circa 5 minuti.

3. Servire sopra il riso.

Capesante al Basilico

Le foglie di lime Kaffir conferiscono una nota floreale unica a qualsiasi piatto tailandese. Se non riesci a trovarli, puoi utilizzare una combinazione di scorza di lime e foglie di alloro tagliate a julienne per una sostituzione ravvicinata.

Serve 2-4

ingredienti

2 cucchiai di olio vegetale

3 spicchi d'aglio, tritati

3 foglie di lime kaffir, tagliate a julienne

½ libbra di capesante, pulite

1 (14 once) può cannucciare i funghi, scolati

¼ tazza di germogli di bambù, sminuzzati

3 cucchiai di salsa di ostriche

15-20 foglie di basilico fresco

1. In un wok o padella, scalda l'olio in alto. Aggiungere le foglie di aglio e lime e saltare in padella fino a quando non è fragrante, circa 15 secondi.

2. Aggiungi le capesante, i funghi, i germogli di bambù e la salsa di ostriche; continua a saltare in padella per circa 4-5 minuti o fino a quando le capesante non sono fatte a tuo piacimento.

3. Unite le foglie di basilico e servite subito.

Frittura vegetariana

Usa queste verdure o altre, a seconda di ciò che hai a portata di mano, ma non saltare il passaggio che comporta la preparazione della salsa: è ciò che lo rende così deliziosamente delizioso.

Serve 4-6 come piatto principale

ingredienti

1-2 cucchiai di olio vegetale

2 tazze di tofu a pezzetti

2 cucchiai di aglio, tritato

2 cucchiai di zenzero grattugiato

4 cucchiai di peperoncini tailandesi, privati dei semi e affettati

4 cucchiai di salsa di soia

2 cucchiai di salsa di soia scura e dolce

1 cipolla piccola, affettata

1/4 tazza di taccole

1/4 tazza di sedano, affettato sottilmente

1/4 tazza di castagne d'acqua

1/4 tazza di peperone a pezzetti

1/4 funghi porcini, affettati

1/4 tazza di cimette di cavolfiore

1/4 tazza di cimette di broccoli

1/4 punte di asparagi a coppa

1 cucchiaio di amido di mais, sciolto in poca acqua

1/4 germogli di fagiolo

Riso, cotto secondo le indicazioni sulla confezione

1. Scaldare 1 cucchiaio di olio in una padella capiente o wok a fuoco medio-alto. Aggiungere il tofu e saltare fino a doratura. Trasferire il tofu su salviette di carta per drenare.

2. Aggiungi altro olio alla padella, se necessario, e soffriggi l'aglio, lo zenzero e i peperoncini per rilasciare la loro fragranza, circa 2 o 3 minuti. Mescolare le salse di soia e aumentare il fuoco al massimo.

3. Aggiungere il tofu messo da parte e tutte le verdure tranne i germogli di soia; saltare in padella per 1 minuto.

4. Aggiungere la miscela di amido di mais e saltare in padella per un altro minuto o fino a quando le verdure sono appena cotte e la salsa si è leggermente addensata.

5. Aggiungere i germogli di soia, mescolando brevemente per scaldarli.

6. Servire sopra il riso.

Cavolfiore arrosto

Non diventa molto più facile di così! La marinata dà vita al cavolfiore terroso e ti incoraggia a mangiare di più di questo ortaggio crocifero nutriente e sottovalutato.

Serve 6-8

ingredienti

1 testa di cavolfiore, spezzata in cimette (tagliare le cimette a metà se grandi)

½ tazza di marinata o salsa a scelta

1. Metti le cimette di cavolfiore in un grande sacchetto con cerniera e versaci sopra la marinata; lasciate riposare in frigorifero dalle 4 alle 6 ore.
2. Preriscalda il forno a 500 gradi.
3. Mettere le cimette di cavolfiore in una teglia. Arrostire per circa 15 minuti o finché sono teneri, girando dopo 7-8 minuti.

Okra fritto in stile tailandese

La farina di tapioca è una farina bianca amidacea, leggermente dolce, senza cereali, ricavata dalla radice di manioca. Usato comunemente come addensante, qui serve per creare una pastella leggera per questo snack fritto unico.

Produce circa 20 pezzi

ingredienti

1/3 tazza di farina per tutti gli usi

1/2 tazza di farina di tapioca

1 cucchiaino di lievito in polvere

1/2 tazza d'acqua

Gombo piccolo da 1 libbra, tagliato

1 tazza di olio vegetale

1/2 tazza di salsa di peperoncino a tua scelta

1. In una terrina di medie dimensioni, unisci le farine, il bicarbonato di sodio e l'acqua per formare una pastella. Aggiungi i pezzi di gombo.

2. Scaldare l'olio vegetale in una padella o wok a fuoco alto. (Dovrebbe essere abbastanza caldo da far gonfiare immediatamente un pezzo di pastella di prova.)

3. Aggiungere l'okra in pastella, pochi alla volta, e friggere fino a doratura.

4. Usando un cucchiaio forato, rimuovi l'okra su salviette di carta per drenare.

5. Servi caldo con la tua salsa chili preferita.

Piselli spezzati saltati in padella e germogli di soia

Assapora il sapore fresco e croccante di questo piatto genuino, che si abbina bene con un riso integrale al gelsomino e noccioline tritate per un antipasto vegetariano.

Serve 4-6

ingredienti

2 cucchiai di olio vegetale

1 cipolla piccola, affettata sottilmente

1 pezzo di zenzero (1 pollice), sbucciato e tritato

Pizzico di pepe bianco

1 cucchiaio di salsa di soia

½ libbra di piselli dolci, tagliati

Germogli di soia da 1 libbra, sciacquati accuratamente e tagliati se necessario

Sale e zucchero a piacere

1. Scaldare l'olio vegetale a fuoco medio-alto in una padella capiente.

2. Aggiungere la cipolla e lo zenzero e soffriggere per 1 minuto.

3. Mescolare il pepe bianco e la salsa di soia.

4. Aggiungere i piselli dolci e cuocere, mescolando continuamente, per 1 minuto.

5. Aggiungere i germogli di soia e cuocere per un altro minuto mescolando continuamente.

6. Aggiungere fino a ½ cucchiaino di sale e un grosso pizzico di zucchero per regolare l'equilibrio della salsa. Servire subito.

Pad Thai

In Thailandia, questo piatto onnipresente viene consumato come pasto leggero ed è uno dei preferiti nei mercati notturni. Un ingrediente potenzialmente sconosciuto qui è il concentrato di tamarindo, che proviene dal baccello di un albero originario dell'Africa, ma ora è coltivato principalmente in India.

Serve 2-4

ingredienti

8 once di spaghetti di riso

2 cucchiai di olio vegetale

5-6 spicchi d'aglio, tritati finemente

2 cucchiai di scalogno, tritato

½ tazza di insalata di gamberi cotti

¼ tazza di salsa di pesce

¼ tazza di zucchero di canna

6-8 cucchiaini di concentrato di tamarindo

¼ erba cipollina tritata

½ tazza di arachidi tostate, tritate

1 uovo medio, sbattuto

1 tazza di germogli di soia

Contorno:

1 cucchiaio di succo di lime

1 cucchiaio di concentrato di tamarindo

1 cucchiaio di salsa di pesce

½ germogli di fagiolo

½ erba cipollina tritata

½ tazza di arachidi tostate, macinate grossolanamente

1 lime tagliato a spicchi

1. Immergere i noodles in acqua a temperatura ambiente per 30 minuti o fino a renderli morbidi. Scolare e mettere da parte.

2. Scalda l'olio vegetale in un wok o in una padella a fuoco medio-alto. Aggiungere l'aglio e lo scalogno e soffriggere brevemente finché non iniziano a cambiare colore.

3. Aggiungere le tagliatelle riservate e tutti gli altri ingredienti tranne l'uovo e i germogli di soia e saltare in padella fino a caldo.

4. Continuando a mescolare, versare lentamente l'uovo sbattuto.

5. Aggiungere i germogli di soia e cuocere per non più di altri 30 secondi.

6. In una piccola ciotola mescolare tutti gli ingredienti per guarnire tranne gli spicchi di lime.

7. Per servire, disporre il Pad Thai su un piatto da portata. Completare con la guarnizione e circondare con spicchi di lime.

Tagliatelle in padella

Questo piatto croccante è un letto perfetto per carne marinata o verdure al vapore. Regola la pasta di peperoncino e aglio in base a quanto sapore vorresti mettere!

Serve 6-8

~

ingredienti

3/4 tagliatelle fresche lo mein o pasta per capelli d'angelo

1/4 tazza di erba cipollina tritata

2 cucchiai (o a piacere) di pasta di peperoncino e aglio preparata

3 cucchiai di olio vegetale, diviso

Sale a piacere

1. Lessare le tagliatelle in una pentola capiente per non più di 2 o 3 minuti. Scolare, sciacquare sotto l'acqua fredda e scolare nuovamente.

2. Aggiungi l'erba cipollina, la pasta di peperoncino, 1 cucchiaio di olio e il sale ai noodles; mescolare per ricoprire e regolare i condimenti.

3. In una padella da 10 pollici dal fondo pesante, scalda l'olio rimanente a fuoco medio-alto. Quando è caldo, aggiungi il composto di pasta, distribuendolo uniformemente. Premi i noodles nella padella con il dorso di una spatola. Cuocere per circa 2 minuti. Ridurre il fuoco e continuare a cuocere fino a quando le tagliatelle sono ben dorate. Capovolgere le tagliatelle in 1 pezzo. Continuare la cottura fino a doratura, aggiungendo altro olio se necessario.

4. Per servire, tagliare le tagliatelle a spicchi.

Tagliatelle vegetariane al sesamo

Anche se puoi usare i normali spaghetti all'uovo per questo, otterrai un piatto nettamente diverso cercando gli spaghetti all'uovo asiatici, che non sono larghi e piatti ma sottili e un po' più densi.

Serve 2-4

ingredienti

2 cucchiai di olio vegetale

2 spicchi d'aglio, tritati

2 tazze di broccoli, tagliati a pezzetti

1 peperone rosso privato dei semi e tagliato a listarelle

2 cucchiai di acqua

8 once di pasta all'uovo

4 once di tofu, tagliato a cubetti

1 cucchiaio di olio di sesamo

2-3 cucchiai di salsa di soia

2-3 cucchiai di salsa chili preparata

3 cucchiai di semi di sesamo

1. Scaldare l'olio in una padella capiente o wok a fuoco medio. Aggiungere l'aglio e soffriggere fino a doratura, circa 2 minuti.

2. Aggiungere i broccoli e il peperone rosso e saltare in padella per 2 o 3 minuti. Aggiungere l'acqua, coprire e lasciare cuocere a vapore le verdure finché sono teneri, circa 5 minuti.

3. Portare a ebollizione una grande pentola d'acqua. Aggiungere le tagliatelle e cuocere al dente; drenare.

4. Mentre i noodles cuociono, aggiungi gli altri ingredienti al composto di broccoli. Togliere dal fuoco, aggiungere i noodles e mescolare per unire.

Tagliatelle al lime fiorito

L'ibrido di sapori tailandesi e italiani canta in questo piatto unico. I fiori commestibili come i nasturzi e i Johnny Jump-Up sono facili da coltivare e sono spesso disponibili presso lo stand della tua fattoria locale.

Serve 4

ingredienti

8 once di pasta per capelli d'angelo

1 cucchiaio di burro salato

2-3 cucchiai di succo di lime

4 once di parmigiano grattugiato

Petali di rosa o altri fiori commestibili organici

Fette di lime

Pepe nero

1. Portare a ebollizione una grande pentola d'acqua a fuoco alto. Aggiungere la pasta e cuocere secondo le istruzioni sulla confezione; drenare.

2. Condire la pasta con burro, succo di lime e parmigiano.

3. Per servire, guarnire con petali di rose o fiori e fettine di lime. Passa il pepe nero a tavola.

Tagliatelle di broccoli con aglio e soia

Per un pasto più sostanzioso, aggiungi più delle tue verdure verdi preferite e un petto di pollo a fette sottili al tuo soffritto. (Ricordati solo di aumentare gli ingredienti della salsa di conseguenza!)

Serve 2-4

ingredienti

Broccoli da 1 libbra, tagliati a cimette di piccole dimensioni

16 once di spaghetti di riso

1-2 cucchiai di olio vegetale

2 spicchi d'aglio, tritati

2 cucchiai di salsa di soia

1 cucchiaio di salsa di soia dolce

1 cucchiaio di zucchero

Salsa piccante

Salsa di pesce

Spicchi di lime

1. Portare a ebollizione una pentola d'acqua a fuoco alto. Immergi i broccoli e sbollenta fino a renderli teneri o

croccanti o a tuo piacimento. Scolare e mettere da parte.

2. Immergere gli spaghetti di riso in acqua calda fino a renderli morbidi, circa 10 minuti.

3. In una padella grande, scaldare l'olio vegetale a fuoco medio. Aggiungere l'aglio e soffriggere fino a doratura. Aggiungere le salse di soia e lo zucchero, mescolando fino a quando lo zucchero non si sarà completamente sciolto.

4. Aggiungere le tagliatelle riservate, mescolando fino a quando non saranno ben ricoperte dalla salsa. Aggiungere i broccoli e mescolare per ricoprire.

5. Servire immediatamente con salsa piccante, salsa di pesce e spicchi di lime a parte.

Riso appiccicoso di base

In Thailandia, questo alimento base viene cotto a vapore in grandi imbuti; qui userai un cestello per la cottura a vapore. Trovato in qualsiasi mercato asiatico, è anche chiamato "riso dolce", "riso mochi" o "riso appiccicoso".

Serve 2-4

ingredienti

1 tazza di riso glutinoso

Acqua

1. Mettere il riso in una ciotola, coprirlo completamente con acqua e lasciare in ammollo per una notte. Scolare prima dell'uso.
2. Fodera un cestello per la cottura a vapore o uno scolapasta con una garza inumidita. (Questo impedisce ai chicchi di riso di cadere attraverso i fori del colino.)
3. Distribuisci il riso sulla garza il più uniformemente possibile.

4. Portare a ebollizione una pentola d'acqua con un coperchio. Posiziona il cestello sopra l'acqua bollente, assicurandoti che il fondo non tocchi l'acqua. Coprire bene e lasciare cuocere a vapore per 25 minuti.

Riso fritto dell'Estremo Oriente

Scegli la salsa di pesce vegetariana e lascia cadere l'uovo per creare una versione vegana. Oppure rendilo carnoso aggiungendo pollo o manzo avanzato a pezzetti. Le varianti sono infinite!

Serve 4-6

ingredienti

2 cucchiai di salsa di pesce

1½ cucchiai di aceto di riso

2 cucchiai di zucchero

2½ cucchiai di olio vegetale

2 uova sbattute

1 mazzetto di cipolle verdi, tagliate e affettate sottilmente

2 cucchiai di aglio, tritato

1 cucchiaino di scaglie di peperoncino rosso essiccato

2 carote grandi, sbucciate e tritate grossolanamente

2 tazze di germogli di soia, tagliati se necessario

5 tazze di riso bianco a grana lunga di un giorno, ciuffi spezzati

¼ tazza di foglie di menta o coriandolo, tritate

¼ tazza di arachidi tostate, tritate

1. Unisci la salsa di pesce, l'aceto di riso e lo zucchero in una piccola ciotola; accantonare.

2. In un wok o in una padella grande, scalda l'olio a fuoco medio-alto. Aggiungere le uova e saltare in padella fino a quando non sono strapazzate.

3. Aggiungi le cipolle verdi, l'aglio e i fiocchi di pepe e continua a soffriggere per 15 secondi o fino a quando non diventa fragrante.

4. Aggiungere le carote e i germogli di soia; soffriggere fino a quando le carote iniziano ad ammorbidirsi, circa 2 minuti.

5. Aggiungere il riso e cuocere per 2 o 3 minuti o fino a quando non sarà riscaldato.

6. Mescolare la miscela di salsa di pesce e aggiungere il riso fritto, mescolando fino a quando uniformemente ricoperto.

7. Per servire, guarnire il riso con menta tritata o coriandolo e arachidi tritate.

Riso allo zenzero

Il sapore dolce e speziato della radice di zenzero fresca indugia e diventa più complesso man mano che viene lasciato cuocere in un piatto. Risveglierà le tue papille gustative e ti aiuterà ad aumentare la tua energia!

Serve 4-6

ingredienti

2 cucchiai di olio vegetale

1 pezzo (1/2 pollice) di radice di zenzero, sbucciato e affettato sottilmente

1 gambo di citronella, tagliato a rondelle (solo la parte interna tenera)

2-3 cipolle verdi, tagliate a rondelle

1 peperoncino rosso, privato dei semi e tritato

1 1/2 tazze di riso a chicco lungo

Pizzico di zucchero di canna

Pizzico di sale

Succo di 1/2 lime

2¾ tazze d'acqua

1. In una pentola di medie dimensioni, scaldare l'olio a fuoco medio. Aggiungi la radice di zenzero, la citronella, le cipolle verdi e il peperoncino; soffriggere per 2 o 3 minuti.

2. Aggiungere il riso, lo zucchero di canna, il sale e il succo di lime e continuare a rosolare per altri 2 minuti. Aggiungere l'acqua nella pentola e portare a ebollizione.

3. Ridurre il fuoco, coprire con un coperchio aderente e cuocere a fuoco lento per 15-20 minuti, fino a quando il liquido non viene assorbito.

Riso tropicale al cocco

Il riso costituisce la base di molti dessert tailandesi, e questo non è diverso. Cocco e frutta come ananas, mango, banana o guava si combinano per renderlo cremoso e dolce.

Serve 6-8

ingredienti

2 tazze di riso a grana corta

2 tazze d'acqua

1 tazza di crema di cocco

¼ tazza di cocco tostato (vedi barra laterale)

½ tazza di frutti tropicali tritati finemente a scelta

1. Mettere il riso, l'acqua e la crema di cocco in una casseruola di medie dimensioni e mescolare bene. Portare a ebollizione a fuoco medio-alto. Ridurre il calore e coprire con un coperchio aderente. Cuocere per 15-20 minuti o fino a quando tutto il liquido è stato assorbito.

2. Lascia riposare il riso fuori dal fuoco per 5 minuti.

3. Sgrana il riso e aggiungi il cocco tostato e la frutta.

Sciocco di mango

Uno sciocco è solitamente una combinazione di panna montata pesante e purea di frutta. Il frutto è appena piegato nella crema, lasciando delle leggere strisce. Questo "budino" per adulti è semplice, leggero e una vera delizia.

Serve 4-6

ingredienti

2 mango maturi, sbucciati e polpa tagliata dai noccioli

2 cucchiai di succo di lime

¼ tazza di zucchero

1 tazza di panna

1 cucchiaio di zucchero a velo

zenzero candito (facoltativo)

foglie di menta (facoltative)

1. Mettere i manghi in un robot da cucina con il succo di lime e lo zucchero. Purea fino a che liscio.

2. In una ciotola capiente sbattere la panna con lo zucchero a velo fino a renderla ben ferma.

3. Piegare accuratamente la purea di mango nella panna.

4. Servire in calici guarnendo a piacere con zenzero candito o rametti di menta.

Gelato all'anguria

Raffredda i tuoi calici da portata per un effetto gelido e per evitare che il ghiaccio si sciolga una volta rasato. Prova diverse varietà cimelio di anguria per un inaspettato ghiaccio arancione o giallo!

Serve 6-8

ingredienti

1/3 tazza d'acqua

1/2 tazza di zucchero

1 pezzo (3 libbre) di anguria, scorza tagliata via, senza semi e tagliata a pezzetti (tenerne da parte un po 'per guarnire se lo si desidera)

1 cucchiaio di succo di lime

rametti di menta (opzionale)

1. Mettere l'acqua e lo zucchero in una piccola casseruola e portare a ebollizione. Togliere dal fuoco e lasciare raffreddare a temperatura ambiente, mescolando spesso. Metti la padella in una ciotola di ghiaccio e

continua a mescolare lo sciroppo fino a quando non si raffredda.

2. Mettere l'anguria, lo sciroppo e il succo di lime in un frullatore e frullare fino a che liscio.

3. Versare la purea attraverso un setaccio in una teglia da 9 pollici. Coprire la padella con un foglio.

4. Congelare la purea per 8 ore o fino a quando non sarà congelata.

5. Per servire raschiare la purea congelata con i rebbi di una forchetta. Versare la raschiatura in graziosi calici di vetro e guarnire con un pezzetto di anguria o rametti di menta.

Tè freddo tailandese facile

Tè freddo tailandese in metà tempo: cosa c'è che non va? Aggiungi un bicchierino di latte o latte condensato per renderlo più cremoso e delizioso.

Produce 1 tazza

ingredienti

2 cucchiai di zucchero

1-2 cucchiai di foglie di tè tailandese

1 tazza di acqua calda

Ghiaccio

1. Mettere lo zucchero in un bicchiere capiente.
2. Metti le foglie di tè in una pallina da tè e mettila nel bicchiere.
3. Aggiungere l'acqua calda. Lascia ripido fino a quando non hai finito con la tua forza preferita.
4. Mescolare per sciogliere lo zucchero e aggiungere il ghiaccio.

Bastoncini Di Carote Asiatiche

Niente cinque spezie? Nessun problema! Puoi crearne uno tuo combinando grani di pepe di Szechuan e anice stellato (tostato e passato in un macinaspezie), con chiodi di garofano macinati, cannella macinata e semi di finocchio macinati.

Serve 4-6

ingredienti

Carote sottili da 1 libbra, sbucciate e tagliate in quarti nel senso della lunghezza

4 cucchiai di acqua

4 cucchiai di olio d'oliva

2 spicchi d'aglio, tritati

2 cucchiai di aceto di riso

1/8–1/4 cucchiaino di pepe di cayenna

1/2–1½ cucchiaino di paprika

1/2–1 cucchiaino di cinque spezie cinesi in polvere

3 cucchiai di coriandolo, tritato

Sale e pepe a piacere

1. Metti le carote in una padella abbastanza grande da contenerle comodamente. Coprire le carote con acqua e portare a ebollizione a fuoco vivo. Scolate le carote e rimettetele nella padella.

2. Aggiungere i 4 cucchiai d'acqua, l'olio d'oliva e l'aglio; portare a ebollizione, ridurre a fuoco lento e cuocere fino a quando non sono teneri. Drenare.

3. In una piccola ciotola, mescolare gli ingredienti rimanenti; versare sopra le carote, mescolando per ricoprire.

4. Aggiustare di sale e pepe.

5. Le carote possono essere mangiate subito, ma sviluppano un sapore più ricco se lasciate marinare per qualche ora.

Guacamole in stile tailandese

Prendi un tradizionale tuffo messicano, aggiungi lo zenzero e ottieni un restyling asiatico. Servire insieme ai wonton fritti per completare il tema dell'Estremo Oriente.

Produce 2 tazze

ingredienti

2 avocado maturi, snocciolati e tritati

4 cucchiaini di succo di lime

1 pomodoro datterino grande, privato dei semi e tritato

1 cucchiaio di cipolla, tritata

1 spicchio d'aglio piccolo, tritato

1 cucchiaino di scorza di lime grattugiata

1 cucchiaino di zenzero grattugiato

1 cucchiaino di peperoncino serrano o jalapeño, tritato

1-2 cucchiai di coriandolo, tritato

Sale e pepe nero appena macinato a piacere

1. Metti l'avocado in una ciotola di medie dimensioni. Aggiungere il succo di limone e schiacciare grossolanamente.

2. Aggiungere gli altri ingredienti e mescolare delicatamente.

3. Servire entro 2 ore.

Insalata di pollo tailandese

Il cavolo cinese (o Napa) ha foglie e sapore più delicati rispetto al tradizionale cavolo verza rosso o verde. Se necessario, puoi sostituire con quest'ultimo, ma assicurati di tritarlo finemente e aspettarti un'insalata più pesante.

Serve 4

ingredienti

Per il condimento:

¼ tazza di olio vegetale

2 cucchiai di aceto di vino di riso

1 cucchiaio di salsa di soia

2 cucchiaini di zenzero grattugiato

Un pizzico di zucchero

¼ cucchiaino (o qb) di sale

Per l'insalata:

2 tazze di pollo cotto, tritato

4 once di taccole, tagliate

3 cipolle verdi, tagliate e affettate

1 tazza di germogli di soia

1 testa media di cavolo cinese, tritata

1 cucchiaio di semi di sesamo tostati

1. Metti gli ingredienti per il condimento dell'insalata in una piccola ciotola e sbatti energicamente per unire.

2. In una ciotola di medie dimensioni, unire il pollo, le taccole, le cipolle verdi e i germogli di soia. Aggiungere il condimento e mescolare per ricoprire.

3. Per servire, disporre il cavolo su un piatto da portata. Montare l'insalata di pollo sul cavolo. Guarnire con i semi di sesamo.

Insalata di patate alle arachidi

L'abbinamento di arachidi e menta è una classica combinazione tailandese che qui viene utilizzata con ottimi risultati. Scegli il burro di arachidi completamente naturale per un sapore più saporito; marchi tradizionali per un pizzico di dolcezza.

Serve 8-10

ingredienti

3 libbre di patate bollenti, sbucciate

1 tazza di arachidi salate, tritate grossolanamente, divise

1 peperone rosso di media grandezza, privato del torsolo e tritato

2 gambi di sedano, affettati

4 cipolle verdi, tagliate e affettate

1/4 tazza di coriandolo, tritato

1/4 tazza di menta, tritata

3/4 tazza di maionese

1/4 tazza di burro di arachidi

3 cucchiai di aceto di riso

Sale e pepe a piacere

1. Portare a ebollizione una grande pentola d'acqua a fuoco alto. Aggiungere le patate e cuocere finché sono teneri. Scolare e raffreddare. Tagliare a cubetti da 1/2 pollice.

2. In una grande ciotola, unisci i cubetti di patate, 3/4 tazza di arachidi, peperone rosso, sedano, cipolla verde, coriandolo e menta.

3. In una piccola ciotola, sbatti insieme la maionese, il burro di arachidi e l'aceto. Aggiustare di sale e pepe.

4. Versare il condimento sul composto di patate e mescolare per ricoprire. Refrigerare per almeno 1 ora. Guarnire con le arachidi rimanenti prima di servire.

Hamburger del sud-est asiatico

Servi insieme a Fried Okra e Ginger Rice per creare una versione tailandese di un pasto drive-through!

Serve 4

ingredienti

1 spicchio d'aglio, tritato

3 cucchiai di pangrattato

1 libbra di manzo macinato o tacchino macinato

¼ tazza di coriandolo, tritato

¼ tazza di basilico, tritato

¼ tazza di menta, tritata

2 cucchiai di succo di lime

1 cucchiaino di zucchero (facoltativo)

3 frullati Tabasco

1. In una terrina di medie dimensioni, unire tutti gli ingredienti.

2. Usando le mani, mescolare delicatamente gli ingredienti e formare 4 polpette. Condire ogni tortino con sale e pepe.

3. Griglia le polpette a tuo piacimento, circa 5 minuti per lato per media.

Pollo in camicia alle spezie

Una volta infuso il tuo pollame con così tanto sapore, non vorrai più cucinarlo in nessun altro modo. Servire tritato con verdure al vapore e riso appiccicoso per far risplendere le spezie.

Serve 4-6

ingredienti

1 anice stellato intero

½ cucchiaino di grani di pepe nero intero

½ cucchiaino di chiodi di garofano interi

1 bastoncino di cannella (2 pollici).

1 baccello di cardamomo

¼ cucchiaino di buccia di mandarino essiccata (la buccia d'arancia essiccata può essere sostituita)

5 tazze d'acqua

¼ tazza di salsa di soia leggera

2 cucchiai di zucchero

4-6 petti di pollo disossati e senza pelle

1. Metti l'anice stellato, i grani di pepe, i chiodi di garofano, il bastoncino di cannella, il baccello di cardamomo, la buccia di mandarino e l'acqua in una casseruola. Portare la miscela a ebollizione a fuoco alto. Lasciare bollire fino a quando il liquido per il bracconaggio si riduce a 4 tazze.

2. Mescolare la salsa di soia e lo zucchero. Riporta il liquido a ebollizione.

3. Aggiungi i petti di pollo e riduci a fuoco lento. Bollire i petti fino al termine, circa 20 minuti.

Verdure a cinque spezie

Qui i cinque sapori dell'Asia - salato, piccante, dolce, acido e amaro - si trovano nella salsa. Aggiungi un po' più di miele se preferisci una salsa più dolce e meno fiocchi di peperoncino se non vuoi tanto calore.

Serve 4

ingredienti

½ tazza di succo d'arancia

1 cucchiaio di amido di mais

½–¾ cucchiaino di polvere di cinque spezie cinese

¼ cucchiaino di scaglie di peperoncino tritato

2 cucchiai di salsa di soia

2 cucchiaini di miele

1 cucchiaio di olio vegetale

1 libbra di funghi, affettati

1 tazza di fette di carota

1 cipolla piccola, tagliata a metà e affettata sottilmente

1–2 spicchi d'aglio, tritati

3 tazze di cimette di broccoli

1. In una piccola ciotola, unisci il succo d'arancia, l'amido di mais, la polvere di cinque spezie, i fiocchi di peperoncino, la salsa di soia e il miele; accantonare.

2. Scalda l'olio vegetale in un wok o in una padella a fuoco medio-alto. Aggiungere i funghi, le carote, la cipolla e l'aglio. Saltare in padella per circa 4 minuti.

3. Aggiungere i broccoli e continuare la cottura per altri 2-4 minuti.

4. Mescolare la salsa. Cuocere fino a quando le verdure sono fatte a proprio piacimento e la salsa è densa, circa 2 minuti.

5. Servire su spaghetti di riso, pasta o riso.

Patate Dolci Della Penisola

Il latte di cocco infonde un sapore isolano a qualsiasi piatto, e questa non fa eccezione! Se vuoi schiacciare le patate dolci una volta cotte, questo è un altro ottimo modo per gustarle.

Serve 4

ingredienti

1 libbra di patate dolci o patate dolci di varie varietà, sbucciate e tagliate a pezzetti

1 foglia di alloro

1 cucchiaino di zucchero

1/4 cucchiaino di sale

1 lattina (14 once) di latte di cocco

1. Metti i pezzi di patate dolci in una grande casseruola. Aggiungere abbastanza acqua per coprirli e portare a ebollizione. Aggiungere la foglia di alloro e cuocere fino a quando le patate sono morbide. Rimuovere la foglia di alloro e scartare.

2. Mescolare lo zucchero e il sale. Dopo che lo zucchero si è sciolto, togliere la padella dal fuoco e aggiungere il latte di cocco. Aggiustare i condimenti aggiungendo sale e/o zucchero se necessario. Regolare la consistenza aggiungendo altra acqua e/o latte di cocco.

Pollo al miele

Più soddisfacente e più sano! - rispetto alla versione fritta, questo piatto di pollo in agrodolce batte qualsiasi cosa tu possa ordinare dal menu da asporto.

Serve 3-4

ingredienti

2 cucchiai di miele

2 cucchiai di salsa di pesce

2 cucchiai di salsa di soia

½ cucchiaino di polvere di cinque spezie cinese

2 cucchiai di olio vegetale

1 cipolla media, sbucciata e tagliata a spicchi

Petti di pollo disossati e senza pelle da 1 libbra, tagliati a pezzetti

3-4 spicchi d'aglio, affettati sottilmente

1 pezzo di zenzero (1 pollice), sbucciato e tritato

1. Unisci il miele, la salsa di pesce, la salsa di soia e la polvere di cinque spezie in una piccola ciotola; accantonare.

2. Scaldare l'olio in un wok a fuoco medio-alto. Aggiungere la cipolla e cuocere fino a quando non inizia a dorare.

3. Aggiungi il pollo; saltare in padella per 3-4 minuti.

4. Aggiungere l'aglio e lo zenzero e continuare a saltare in padella per altri 30 secondi.

5. Mescolare la miscela di miele e lasciare cuocere per 3 o 4 minuti, fino a quando il pollo è glassato e fatto a proprio piacimento.

Frutta allo sciroppo di sherried

Questo è un dolce semplice ed elegante. Lo sciroppo si conserva in frigorifero fino a una settimana e può essere preparato in anticipo per una facile preparazione della cena. Puoi usarlo anche come semplice sciroppo per aromatizzare acqua o tè!

Serve 4-6

ingredienti

2 cucchiai di zucchero

4 cucchiai di acqua

2 cucchiai di sherry secco

2 cucchiaini di succo di limone

1 arancia, sbucciata e tagliata a spicchi

2 tazze di pezzi di ananas fresco

1 1/2 tazze di fette di kiwi

1. In una piccola casseruola a fuoco alto, fai bollire lo zucchero e l'acqua fino a ottenere uno sciroppo. Togliere dal fuoco e lasciare raffreddare a temperatura

ambiente. Mescolare il succo di limone e lo sherry; accantonare.

2. In una ciotola da portata, unisci gli spicchi d'arancia, i pezzi di ananas e il kiwi. Versare lo sciroppo sulla frutta e mescolare per unire. Mettere in frigo per almeno 1 ora prima di servire.

Manzo croccante con salsa al curry

Serve 4

1 uovo sbattuto

15 ml/1 cucchiaio di farina di mais (amido di mais)

5 ml/1 cucchiaino di bicarbonato di sodio (bicarbonato di sodio)

15 ml/1 cucchiaio di vino di riso o sherry secco

15 ml/1 cucchiaio di salsa di soia

225 g/8 once di manzo magro, a fette

90 ml/6 cucchiai di olio

100 g/4 once di pasta di curry

Mescolare l'uovo, la farina di mais, il bicarbonato di sodio, il vino o lo sherry e la salsa di soia. Mescolare la carne di manzo e 15 ml/1 cucchiaio di olio. Riscaldare l'olio rimanente e saltare in padella la miscela di manzo e uova per 2 minuti. Rimuovere la carne e scolare l'olio. Aggiungere la pasta di curry nella padella e portare a ebollizione, quindi rimettere la carne nella padella, mescolare bene e servire.

Brasato Di Manzo Al Curry

Serve 4

45 ml/3 cucchiai di olio di arachidi (arachidi).

5 ml/1 cucchiaino di sale

1 spicchio d'aglio, schiacciato

Bistecca di manzo da 450 g/1 libbra, a cubetti

4 cipollotti (scalogno), affettati

1 fetta di radice di zenzero, tritata

30 ml/2 cucchiai di curry in polvere

15 ml/1 cucchiaio di vino di riso o sherry secco

15 ml/1 cucchiaio di zucchero

400 ml/14 fl oz/1¬æ tazze di brodo di manzo

15 ml/1 cucchiaio di farina di mais (amido di mais)

45 ml/3 cucchiai di acqua

Scaldare l'olio e friggere il sale e l'aglio fino a doratura. Aggiungere la bistecca e condirla con l'olio, quindi aggiungere i cipollotti e lo zenzero e friggere fino a quando la carne non sarà dorata su tutti i lati. Aggiungere il curry in polvere e saltare in padella per 1 minuto. Mescolare il vino o lo sherry e lo zucchero, quindi aggiungere il brodo, portare a ebollizione, coprire e cuocere a fuoco lento per circa 35 minuti fino a quando la carne è tenera. Mescolare la farina di mais e l'acqua fino a ottenere una pasta, unirla alla salsa e cuocere a fuoco lento, mescolando, finché la salsa non si addensa.

Manzo al curry saltato in padella

Serve 4

225 g/8 once di manzo magro

30 ml/2 cucchiai di olio di arachidi (arachidi).

1 cipolla grande, affettata

30 ml/2 cucchiai di curry in polvere

1 fetta di radice di zenzero, tritata

15 ml/1 cucchiaio di vino di riso o sherry secco

120 ml/4 fl oz/½ tazza di brodo di manzo

5 ml/1 cucchiaino di zucchero

15 ml/1 cucchiaio di farina di mais (amido di mais)

45 ml/3 cucchiai di acqua

Tagliare la carne sottilmente contro il grano. Scaldare l'olio e friggere la cipolla fino a renderla traslucida. Aggiungere il curry e lo zenzero e saltare in padella per qualche secondo. Aggiungere la carne di manzo e saltare in padella fino a doratura. Aggiungere il vino o lo sherry e il brodo, portare a ebollizione, coprire e cuocere a fuoco lento per circa 5 minuti fino a quando la carne è cotta. Mescolare lo zucchero, farina di mais e acqua, mescolare nella padella e cuocere a fuoco lento, mescolando, fino a quando la salsa si addensa.

Manzo con aglio

Serve 4

350 g/12 once di manzo magro, a fette

4 spicchi d'aglio, affettati

1 peperoncino rosso, a fette

45 ml/3 cucchiai di salsa di soia

45 ml/3 cucchiai di olio di arachidi (arachidi).

5 ml/1 cucchiaino di farina di mais (amido di mais)

15 ml/1 cucchiaio di acqua

Mescolare la carne di manzo con l'aglio, il peperoncino e 30 ml/2 cucchiai di salsa di soia e lasciare riposare per 30 minuti mescolando di tanto in tanto. Scaldare l'olio e friggere il composto di manzo per alcuni minuti fino a cottura quasi ultimata. Mescolare gli ingredienti rimanenti in una pasta, mescolare nella padella e continuare a saltare in padella fino a quando la carne è cotta.

Manzo allo zenzero

Serve 4

15 ml/1 cucchiaio di olio di arachidi (arachidi).

450 g/1 libbra di manzo magro, a fette

1 cipolla, affettata sottilmente

2 spicchi d'aglio, schiacciati

2 pezzi di zenzero cristallizzato, affettato sottilmente

15 ml/1 cucchiaio di salsa di soia

150 ml/¬º pt/generoso ¬Ω tazza d'acqua

2 gambi di sedano, tagliati in diagonale

5 ml/1 cucchiaino di sale

Scaldare l'olio e friggere la carne, la cipolla e l'aglio fino a quando non saranno leggermente dorati. Aggiungere lo zenzero, la salsa di soia e l'acqua, portare a ebollizione, coprire e cuocere a fuoco lento per 25 minuti. Aggiungere il sedano, coprire e cuocere a fuoco lento per altri 5 minuti. Cospargere di sale prima di servire.

Manzo Cotto Rosso Con Zenzero

Serve 4

450 g/1 libbra di manzo magro

2 fette di radice di zenzero, tritate

4 cipollotti (scalogno) tritati

120 ml/4 fl oz/¬Ω tazza di salsa di soia

60 ml/4 cucchiai di vino di riso o sherry secco

400 ml/14 fl oz/1¬æ tazze d'acqua

15 ml/1 cucchiaio di zucchero di canna

Mettere tutti gli ingredienti in una padella pesante, portare a ebollizione, coprire e cuocere a fuoco lento, girando di tanto in tanto, per circa 1 ora fino a quando la carne è tenera.

Manzo con fagiolini

Serve 4

Bistecca di scamone da 225 g/8 once, affettata sottilmente

30 ml/2 cucchiai di farina di mais (amido di mais)

15 ml/1 cucchiaio di vino di riso o sherry secco

15 ml/1 cucchiaio di salsa di soia

30 ml/2 cucchiai di olio di arachidi (arachidi).

2,5 ml/¬Ω cucchiaino di sale

2 spicchi d'aglio, schiacciati

225 g di fagiolini

225 g/8 once di germogli di bambù, affettati

50 g di funghi, affettati

50 g di castagne d'acqua, a fette

150 ml/¬º pt/abbondante ¬Ω tazza di brodo di pollo

Metti la bistecca in una ciotola. Mescolare 15 ml/1 cucchiaio di amido di mais, il vino o lo sherry e la salsa di soia, incorporare alla carne e marinare per 30 minuti. Scaldate l'olio con il sale e l'aglio e fate soffriggere fino a quando l'aglio sarà leggermente dorato. Aggiungere la carne e la marinata e saltare in padella per 4 minuti. Aggiungere i fagioli e saltare in padella per 2 minuti. Aggiungere gli altri ingredienti, portare a ebollizione e cuocere a fuoco lento per 4 minuti. Mescolare la farina di mais rimanente con a

poca acqua e mescolarla nella salsa. Cuocere a fuoco lento, mescolando, fino a quando la salsa si schiarisce e si addensa.

Manzo caldo

Serve 4

450 g/1 libbra di manzo magro

6 cipollotti (scalogno), affettati

4 fette di radice di zenzero

15 ml/1 cucchiaio di vino di riso o sherry secco

15 ml/1 cucchiaio di salsa di soia

4 peperoncini rossi secchi, tritati

10 grani di pepe

1 spicchio di anice stellato

300 ml/¬Ω pt/1¬º tazze d'acqua

2,5 ml/¬Ω cucchiaino di olio al peperoncino

Mettete la carne in una ciotola con 2 cipollotti, 1 fetta di zenzero e metà del vino e lasciate marinare per 30 minuti. Portare a ebollizione una grande pentola d'acqua, aggiungere la carne e far bollire fino a sigillare

su tutti i lati quindi rimuovere e scolare. Mettere in una padella i restanti cipollotti, lo zenzero e il vino o lo sherry con i peperoncini, i grani di pepe e l'anice stellato e aggiungere l'acqua. Portare a ebollizione, aggiungere la carne, coprire e cuocere a fuoco lento per circa 40 minuti fino a quando la carne è tenera. Rimuovere la carne dal liquido e scolarla bene. Tagliatela a fettine sottili e disponetela su un piatto da portata riscaldato. Servire cosparso di olio al peperoncino.

Straccetti Di Manzo Caldi

Serve 4

150 ml/¬º pt/generoso ¬Ω tazza di olio di arachidi (arachidi).

450 g/1 lb di manzo magro, affettato contropelo

45 ml/3 cucchiai di salsa di soia

15 ml/1 cucchiaio di vino di riso o sherry secco

1 fetta di radice di zenzero, tritata

1 peperoncino rosso secco, tritato

2 carote, tritate

2 gambi di sedano, tagliati in diagonale

10 ml/2 cucchiaini di sale

225 g/8 once/1 tazza di riso a grani lunghi

Scaldare due terzi dell'olio e saltare in padella la carne, la salsa di soia e il vino o lo sherry per 10 minuti. Rimuovere la carne e riservare la salsa. Riscaldare l'olio rimanente e soffriggere lo zenzero, il pepe e le carote per 1 minuto. Aggiungere il sedano e soffriggere per 1 minuto. Aggiungere la carne e il sale e saltare in padella per 1 minuto.

Nel frattempo cuocete il riso in acqua bollente per circa 20 minuti fino a quando sarà tenero. Scolare bene e disporre su un piatto da portata. Versare sopra il composto di manzo e la salsa piccante.

Manzo con Mangetout

Serve 4

225 g/8 once di manzo magro

30 ml/2 cucchiai di farina di mais (amido di mais)

5 ml/1 cucchiaino di zucchero

5 ml/1 cucchiaino di salsa di soia

10 ml/2 cucchiaini di vino di riso o sherry secco

30 ml/2 cucchiai di olio di arachidi (arachidi).

2,5 ml/¬Ω cucchiaino di sale

2 fette di radice di zenzero, tritate

225 g/8 oz taccole (taccole)

60 ml/4 cucchiai di brodo di manzo

10 ml/2 cucchiaini di acqua

pepe appena macinato

Tagliare la carne sottilmente contro il grano. Mescolare metà della farina di mais, lo zucchero, la salsa di soia e il vino o lo sherry, aggiungere alla carne e mescolare bene per ricoprire.

Scaldare metà dell'olio e soffriggere il sale e lo zenzero e pochi secondi. Aggiungere taccole e mescolare per ricoprire con olio. Aggiungere il brodo, portare a ebollizione e mescolare bene, quindi togliere le taccole e il liquido dalla padella. Riscaldare l'olio rimanente e saltare in padella la carne fino a quando non sarà leggermente dorata. Riporta le taccole nella padella. Mescolare il

restante farina di mais con l'acqua, mescolare nella padella e condire con pepe. Cuocere a fuoco lento, mescolando, fino a quando la salsa si addensa.

Brasato Di Manzo Marinato

Serve 4

Bistecca di manzo da 450 g / 1 libbra

75 ml/5 cucchiai di salsa di soia

60 ml/4 cucchiai di vino di riso o sherry secco

5 ml/1 cucchiaino di sale

15 ml/1 cucchiaio di farina di mais (amido di mais)

45 ml/3 cucchiai di olio di arachidi (arachidi).

15 ml/1 cucchiaio di zucchero di canna

15 ml/1 cucchiaio di aceto di vino

Forare la bistecca in più punti e metterla in una ciotola. Mescolare la salsa di soia, il vino o lo sherry e il sale, versare sulla carne e lasciar riposare per 3 ore, girando di tanto in tanto. Scolare la carne ed eliminare la marinata. Asciugare la carne e spolverare con la farina di mais. Scaldare l'olio e friggere la carne fino a doratura su tutti i lati. Aggiungere lo zucchero e l'aceto di vino e abbastanza acqua solo per coprire la carne. Portare a ebollizione, coprire e cuocere a fuoco lento per circa 1 ora fino a quando la carne è tenera.

Manzo saltato in padella e funghi

Serve 4

225 g/8 once di manzo magro

15 ml/1 cucchiaio di farina di mais (amido di mais)

15 ml/1 cucchiaio di vino di riso o sherry secco

15 ml/1 cucchiaio di salsa di soia

2,5 ml/½ cucchiaino di zucchero

45 ml/3 cucchiai di olio di arachidi (arachidi).

1 fetta di radice di zenzero, tritata

2,5 ml/½ cucchiaino di sale

225 g di funghi, affettati

120 ml/4 fl oz/½ tazza di brodo di manzo

Tagliare la carne sottilmente contro il grano. Mescolare la farina di mais, il vino o lo sherry, la salsa di soia e lo zucchero, incorporare alla carne e mescolare bene per ricoprire. Scaldare l'olio e soffriggere lo zenzero per 1 minuto. Aggiungere la carne di manzo e saltare in padella fino a doratura. Aggiungere il sale e i funghi e mescolare bene. Aggiungere il brodo, portare a ebollizione e cuocere a fuoco lento, mescolando, finché la salsa non si addensa.

Manzo saltato in padella marinato

Serve 4

450 g/1 libbra di manzo magro, a fette

2 spicchi d'aglio, schiacciati

60 ml/4 cucchiai di salsa di soia

15 ml/1 cucchiaio di zucchero di canna

5 ml/1 cucchiaino di sale

30 ml/2 cucchiai di olio di arachidi (arachidi).

Metti la carne in una ciotola e aggiungi l'aglio, la salsa di soia, lo zucchero e il sale. Mescolate bene, coprite e lasciate marinare per circa 2 ore, girando di tanto in tanto. Scolare, scartando la marinata. Scaldare l'olio e saltare in padella la carne fino a doratura su tutti i lati, quindi servire subito.

Brasato Di Manzo Con Funghi

Serve 4

1 kg di fesa di manzo

sale e pepe macinato fresco

60 ml/4 cucchiai di salsa di soia

30 ml/2 cucchiai di salsa hoisin

30 ml/2 cucchiai di miele

30 ml/2 cucchiai di aceto di vino

5 ml/1 cucchiaino di pepe macinato fresco

5 ml/1 cucchiaino di semi di anice, macinati

5 ml/1 cucchiaino di coriandolo macinato

6 funghi cinesi secchi

60 ml/4 cucchiai di olio di arachidi (arachidi).

5 ml/2 cucchiaini di farina di mais (amido di mais)

15 ml/1 cucchiaio di acqua

400 g/14 once di pomodori in scatola

6 cipollotti (scalogno), tagliati a listarelle

2 carote, grattugiate

30 ml/2 cucchiai di salsa di prugne

60 ml/4 cucchiai di erba cipollina tritata

Infilzare più volte la carne con una forchetta. Aggiustate di sale e pepe e mettete in una ciotola. Mescolare le salse, il miele, l'aceto di vino, il pepe e le spezie, versare sulla carne, coprire e lasciare marinare in frigorifero per una notte.

Immergere i funghi in acqua tiepida per 30 minuti, quindi scolarli. Scartare i gambi e affettare le cappelle. Scaldare l'olio e friggere la carne fino a quando non sarà ben dorata, girandola spesso. Mescolare la farina di mais e l'acqua e aggiungerla nella padella con i pomodori. Portare a ebollizione, coprire e cuocere a fuoco lento per circa 1 Ω ore fino a quando saranno teneri. Aggiungere i cipollotti e le carote e continuare a cuocere a fuoco lento per 10 minuti fino a quando le carote sono tenere. Mescolare la salsa di prugne e cuocere a fuoco lento per 2 minuti. Togliere la carne dal sugo e tagliarla a fette spesse. Rimettilo nella salsa per riscaldarlo, quindi servilo cosparso di erba cipollina.

Manzo saltato in padella con tagliatelle

Serve 4

Tagliatelle all'uovo sottili da 100 g/4 once

30 ml/2 cucchiai di olio di arachidi (arachidi).

225 g/8 once di manzo magro, tritato

30 ml/2 cucchiai di salsa di soia

15 ml/1 cucchiaio di vino di riso o sherry secco

2,5 ml/½ cucchiaino di sale

2,5 ml/½ cucchiaino di zucchero

120 ml/4 fl oz/½ tazza di acqua

Immergere le tagliatelle fino a quando non si ammorbidiscono leggermente, quindi scolarle e tagliarle a 7,5 cm di lunghezza. Scaldare metà dell'olio e saltare in padella la carne fino a doratura. Aggiungere la salsa di soia, il vino o lo sherry, il sale e lo zucchero e saltare in padella per 2 minuti, quindi togliere dalla padella. Riscaldare l'olio rimanente e saltare in padella le tagliatelle fino a ricoprirle di olio. Rimettere il composto di manzo nella padella, aggiungere l'acqua e portare a ebollizione. Cuocere e cuocere a fuoco lento per circa 5 minuti fino a quando il liquido non viene assorbito.

Manzo con spaghetti di riso

Serve 4

4 funghi cinesi secchi

30 ml/2 cucchiai di olio di arachidi (arachidi).

2,5 ml/½ cucchiaino di sale

225 g/8 once di manzo magro, a fette

100 g di germogli di bambù, tagliati a fette

100 g/4 once di sedano, affettato

1 cipolla, affettata

120 ml/4 fl oz/½ tazza di brodo di manzo

2,5 ml/½ cucchiaino di zucchero

10 ml/2 cucchiaini di farina di mais (amido di mais)

5 ml/1 cucchiaino di salsa di soia

15 ml/1 cucchiaio di acqua

100 g/4 once di spaghetti di riso

olio per friggere

Immergere i funghi in acqua tiepida per 30 minuti, quindi scolarli. Scartare i gambi e affettare le cappelle. Scaldare metà dell'olio e friggere il sale e la carne fino a quando non saranno leggermente dorati, quindi togliere dalla padella. Riscaldare l'olio rimanente e saltare in padella le verdure finché non si ammorbidiscono. Mescolare il brodo e lo zucchero e portare a ebollizione. Riporta la carne nella padella, copri e fai sobbollire per 3 minuti. Mescolare insieme la farina di mais, la salsa di soia e l'acqua, aggiungere nella padella e cuocere a fuoco lento, mescolando, finché il composto non si addensa. Nel frattempo, friggi gli spaghetti di riso in olio bollente per pochi secondi fino a quando non diventano gonfi e croccanti e servi sopra la carne.

Manzo con Cipolle

Serve 4

60 ml/4 cucchiai di olio di arachidi (arachidi).

300 g di manzo magro, tagliato a listarelle

100 g di cipolle, tagliate a listarelle

15 ml/1 cucchiaio di brodo di pollo

5 ml/1 cucchiaino di vino di riso o sherry secco

5 ml/1 cucchiaino di zucchero

5 ml/1 cucchiaino di salsa di soia

sale

olio di sesamo

Scaldare l'olio e friggere la carne e le cipolle a fuoco alto fino a quando non saranno leggermente dorate. Mescolare il brodo, il vino o lo sherry, lo zucchero e la salsa di soia e saltare in padella velocemente fino a quando non saranno ben amalgamati. Condire a piacere con sale e olio di sesamo prima di servire.

Manzo e piselli

Serve 4

30 ml/2 cucchiai di olio di arachidi (arachidi).

450 g/1 libbra di manzo magro, a cubetti

2 cipolle, affettate

2 gambi di sedano, affettati

100 g di piselli freschi o surgelati, scongelati

250 ml/8 fl oz/1 tazza di brodo di pollo

15 ml/1 cucchiaio di salsa di soia

15 ml/1 cucchiaio di farina di mais (amido di mais)

Scaldare l'olio e saltare in padella la carne fino a quando non sarà leggermente dorata. Aggiungere le cipolle, il sedano e i piselli e soffriggere per 2 minuti. Aggiungere il brodo e la salsa di soia, portare a ebollizione, coprire e cuocere a fuoco lento per 10 minuti. Mescolare la maizena con un po' d'acqua e incorporarla alla salsa. Cuocere a fuoco lento, mescolando, fino a quando la salsa si schiarisce e si addensa.

Manzo scoppiettante di cipolle saltate in padella

Serve 4

225 g/8 once di manzo magro

2 cipollotti (scalogno), tritati

30 ml/2 cucchiai di salsa di soia

30 ml/2 cucchiai di vino di riso o sherry secco

30 ml/2 cucchiai di olio di arachidi (arachidi).

1 spicchio d'aglio, schiacciato

5 ml/1 cucchiaino di aceto di vino

qualche goccia di olio di sesamo

Tagliare la carne di manzo a fettine sottili contropelo. Mescolare i cipollotti, la salsa di soia e il vino o lo sherry, unirli alla carne e lasciar riposare per 30 minuti. Scolare, scartando la marinata. Scaldare l'olio e friggere l'aglio fino a quando non sarà leggermente dorato. Aggiungere la carne di manzo e saltare in padella fino a doratura. Aggiungere l'aceto e l'olio di sesamo, coprire e cuocere a fuoco lento per 2 minuti.

Manzo con scorza d'arancia essiccata

Serve 4

450 g/1 lb di manzo magro, affettato sottilmente

5 ml/1 cucchiaino di sale

olio per friggere

30 ml/2 cucchiai di olio di arachidi (arachidi).

100 g di scorza d'arancia essiccata

2 peperoncini secchi, tritati finemente

5 ml/1 cucchiaino di pepe macinato fresco

45 ml/3 cucchiai di brodo di manzo

2,5 ml/¬Ω cucchiaino di zucchero

15 ml/1 cucchiaio di vino di riso o sherry secco

5 ml/1 cucchiaino di aceto di vino

2,5 ml/¬Ω cucchiaino di olio di sesamo

Cospargere la carne di manzo con sale e lasciare riposare per 30 minuti. Scaldare l'olio e friggere la carne fino a metà cottura. Rimuovere e scolare bene. Scaldare l'olio e soffriggere la scorza d'arancia, il peperoncino e il pepe per 1 minuto. Aggiungere la carne e il brodo e portare a ebollizione. Aggiungere lo zucchero e l'aceto di vino e cuocere a fuoco lento fino a quando non rimane molto liquido. Mescolare l'aceto di vino e l'olio di sesamo e mescolare bene. Servire su un letto di foglie di lattuga.

Manzo con salsa di ostriche

Serve 4

15 ml/1 cucchiaio di olio di arachidi (arachidi).

2 spicchi d'aglio, schiacciati

Bistecca di scamone da 450 g/1 libbra, a fette

100 g di champignon

15 ml/1 cucchiaio di vino di riso o sherry secco

150 ml/¬º pt/abbondante ¬Ω tazza di brodo di pollo

30 ml/2 cucchiai di salsa di ostriche

5 ml/1 cucchiaino di zucchero di canna

sale e pepe macinato fresco

4 cipollotti (scalogno), affettati

15 ml/1 cucchiaio di farina di mais (amido di mais)

Scaldare l'olio e friggere l'aglio fino a quando non sarà leggermente dorato. Aggiungere la bistecca e i funghi e saltare in padella fino a quando non saranno leggermente dorati. Aggiungere il vino o lo sherry e saltare in padella per 2 minuti. Aggiungere il brodo, la salsa di ostriche e lo zucchero e condire con sale e pepe. Portare a ebollizione e cuocere a fuoco lento, mescolando di tanto in tanto, per 4 minuti. Aggiungere le cipolline. Mescolare la maizena con un po' d'acqua e mescolarla nella padella. Cuocere a fuoco lento, mescolando, fino a quando la salsa si schiarisce e si addensa.

Manzo al pepe

Serve 4

350 g/12 oz di manzo magro, tagliato a listarelle

75 ml/5 cucchiai di salsa di soia

75 ml/5 cucchiai di olio di arachidi (arachidi).

5 ml/1 cucchiaino di farina di mais (amido di mais)

75 ml/5 cucchiai di acqua

2 cipolle, affettate

5 ml/1 cucchiaino di salsa di ostriche

pepe appena macinato

cestini di tagliatelle

Marinare la carne di manzo con la salsa di soia, 15 ml/1 cucchiaio di olio, la maizena e l'acqua per 1 ora. Togliere la carne dalla marinata e scolarla bene. Riscaldare l'olio rimanente e soffriggere la carne e le cipolle fino a quando non saranno leggermente dorate. Aggiungere la marinata e la salsa di ostriche e condire generosamente con pepe. Portare a ebollizione, coprire e cuocere a fuoco lento per 5 minuti, mescolando di tanto in tanto. Servire con cestini di noodle.

Bistecca al pepe

Serve 4

45 ml/3 cucchiai di olio di arachidi (arachidi).

5 ml/1 cucchiaino di sale

2 spicchi d'aglio, schiacciati

Bistecca di controfiletto da 450 g/1 libbra, affettata sottilmente

1 cipolla, tagliata a spicchi

2 peperoni verdi, tritati grossolanamente

120 ml/4 fl oz/¬Ω tazza di brodo di manzo

5 ml/1 cucchiaino di zucchero di canna

5 ml/1 cucchiaino di vino di riso o sherry secco

sale e pepe macinato fresco

30 ml/2 cucchiai di farina di mais (amido di mais)

30 ml/2 cucchiai di salsa di soia

Scaldare l'olio con il sale e l'aglio fino a quando l'aglio è leggermente dorato, quindi aggiungere la bistecca e saltare in padella fino a doratura su tutti i lati. Aggiungere la cipolla e i peperoni e soffriggere per 2 minuti. Aggiungere il brodo, lo zucchero, il vino o lo sherry e condire con sale e pepe. Portare a ebollizione, coprire e cuocere a fuoco lento per 5 minuti. Mescolare insieme la farina di mais e la salsa di soia e mescolare poi nella salsa. Cuocere a fuoco lento, mescolando, fino a quando la salsa si schiarisce e si addensa, aggiungendo un po 'di acqua in più se necessario per rendere la salsa la consistenza che preferisci.

Manzo con Peperoni

Serve 4

350 g/12 once di manzo magro, affettato sottilmente

3 peperoncini rossi, privati dei semi e tritati

3 cipollotti (scalogno), tagliati a pezzetti

2 spicchi d'aglio, schiacciati

15 ml/1 cucchiaio di salsa di fagioli neri

1 carota, affettata

3 peperoni verdi, tagliati a pezzi

sale

15 ml/1 cucchiaio di olio di arachidi (arachidi).

5 ml/1 cucchiaino di salsa di soia

45 ml/3 cucchiai di acqua

5 ml/1 cucchiaino di vino di riso o sherry secco

5 ml/1 cucchiaino di farina di mais (amido di mais)

Marinare la carne con il peperoncino, i cipollotti, l'aglio, la salsa di fagioli neri e la carota per 1 ora. Sbollentate i peperoni in acqua bollente salata per 3 minuti poi scolateli bene. Riscaldare l'olio e saltare in padella la miscela di manzo per 2 minuti. Aggiungere i peperoni e saltare in padella per 3 minuti. Aggiungere la salsa di soia, l'acqua e il vino o lo sherry. Mescolare la maizena con un po' d'acqua, versarla nella padella e cuocere a fuoco lento, mescolando, finché la salsa non si addensa.

Straccetti di manzo saltati in padella con peperoni verdi

Serve 4

225 g/8 once di manzo magro, tritato

1 albume d'uovo

15 ml/1 cucchiaio di farina di mais (amido di mais)

2,5 ml/¬Ω cucchiaino di sale

5 ml/1 cucchiaino di vino di riso o sherry secco

2,5 ml/¬Ω cucchiaino di zucchero

olio per friggere

30 ml/2 cucchiai di olio di arachidi (arachidi).

2 peperoncini rossi, a dadini

2 fette di radice di zenzero, tritate

15 ml/1 cucchiaio di salsa di soia

2 peperoni verdi grandi, a dadini

Mettere la carne in una ciotola con l'albume, la maizena, il sale, il vino o lo sherry e lo zucchero e lasciare marinare per 30 minuti. Scaldare l'olio e friggere la carne fino a quando non sarà leggermente dorata. Togliere dalla padella e scolare bene. Scaldare l'olio e saltare in padella i peperoncini e lo zenzero per qualche secondo. Aggiungere la carne di manzo e la salsa di soia e saltare in padella finché non sono teneri. Aggiungere i peperoni verdi, mescolare bene e saltare in padella per 2 minuti. Servi subito.

Manzo con sottaceti cinesi

Serve 4

100 g di sottaceti cinesi, sminuzzati

Bistecca magra da 450 g/1 libbra, affettata contropelo

30 ml/2 cucchiai di salsa di soia

5 ml/1 cucchiaino di sale

2,5 ml/¬Ω cucchiaino di pepe macinato fresco

60 ml/4 cucchiai di olio di arachidi (arachidi).

15 ml/1 cucchiaio di farina di mais (amido di mais)

Mescolare bene tutti gli ingredienti e metterli in una ciotola resistente al forno. Metti la ciotola su una griglia in una vaporiera, copri e cuoci a vapore su acqua bollente per 40 minuti fino a quando la carne è cotta.

Bistecca con patate

Serve 4

Bistecca da 450 g/1 libbra

60 ml/4 cucchiai di olio di arachidi (arachidi).

5 ml/1 cucchiaino di sale

2,5 ml/½ cucchiaino di pepe macinato fresco

1 cipolla, tritata

1 spicchio d'aglio, schiacciato

225 g/8 once di patate, a cubetti

175 ml/6 fl oz/¾ tazza di brodo di manzo

250 ml/8 fl oz/1 tazza di foglie di sedano tritate

30 ml/2 cucchiai di farina di mais (amido di mais)

15 ml/1 cucchiaio di salsa di soia

60 ml/4 cucchiai di acqua

Tagliare la bistecca a listarelle poi a scaglie sottili contropelo. Scaldare l'olio e friggere la bistecca, sale, pepe, cipolla e aglio fino a doratura. Aggiungere le patate e il brodo, portare a ebollizione, coprire e cuocere a fuoco lento per 10 minuti. Aggiungere le foglie di sedano e cuocere a fuoco lento per circa 4 minuti fino a quando non sono teneri. Frullare la farina di mais, la salsa di soia e l'acqua fino a ottenere una pasta, aggiungere nella padella e cuocere a fuoco lento, mescolando, fino a quando la salsa si schiarisce e si addensa.

Manzo Cotto Rosso

Serve 4

450 g/1 libbra di manzo magro

120 ml/4 fl oz/¬Ω tazza di salsa di soia

60 ml/4 cucchiai di vino di riso o sherry secco

15 ml/1 cucchiaio di zucchero di canna

375 ml/13 fl oz/1¬Ω tazze d'acqua

Metti la carne di manzo, la salsa di soia, il vino o lo sherry e lo zucchero in una padella dal fondo pesante e fai sobbollire. Coprire e cuocere a fuoco lento per 10 minuti, girando una o due volte. Mescolare l'acqua e portare a ebollizione. Coprire e cuocere a fuoco lento per circa 1 ora fino a quando la carne è tenera, aggiungendo un po' di acqua bollente se necessario durante la cottura se la carne diventa troppo asciutta. Servire caldo o freddo.

Manzo saporito

Serve 4

30 ml/2 cucchiai di olio di arachidi (arachidi).

450 g/1 libbra di manzo magro, a cubetti

2 cipollotti (scalogno), affettati

2 spicchi d'aglio, schiacciati

1 fetta di radice di zenzero, tritata

2 chiodi di garofano anice stellato, schiacciati

250 ml/8 fl oz/1 tazza di salsa di soia

30 ml/2 cucchiai di vino di riso o sherry secco

30 ml/2 cucchiai di zucchero di canna

5 ml/1 cucchiaino di sale

600 ml/1 pt/2¬Ω tazze d'acqua

Scaldare l'olio e friggere la carne fino a quando non sarà leggermente dorata. Scolare l'olio in eccesso e aggiungere i cipollotti, l'aglio, lo zenzero e l'anice e soffriggere per 2 minuti. Aggiungere la salsa di soia, il vino o lo sherry, lo zucchero e il sale e mescolare bene. Aggiungere l'acqua, portare ad ebollizione, coprire e cuocere a fuoco lento per 1 ora. Togliere il coperchio e cuocere a fuoco lento fino a quando la salsa non si sarà ridotta.

Manzo tritato

Serve 4

750 g/1¬Ω lb di manzo magro, a cubetti

250 ml/8 fl oz/1 tazza di brodo di manzo

120 ml/4 fl oz/¬Ω tazza di salsa di soia

60 ml/4 cucchiai di vino di riso o sherry secco

45 ml/3 cucchiai di olio di arachidi (arachidi).

Metti la carne di manzo, il brodo, la salsa di soia e il vino o lo sherry in una padella dal fondo pesante. Portare a ebollizione e far bollire, mescolando, fino a quando il liquido è evaporato. Lasciar raffreddare poi raffreddare. Sminuzza la carne con due forchette. Riscaldare l'olio, quindi aggiungere la carne e saltare in padella velocemente fino a ricoprirla di olio. Continuare a cuocere a fuoco medio fino a quando la carne si asciuga completamente. Lasciar raffreddare e servire con noodles o riso.

Manzo tagliuzzato in stile familiare

Serve 4

225 g/8 once di manzo, tritato

15 ml/1 cucchiaio di salsa di soia

15 ml/1 cucchiaio di salsa di ostriche

45 ml/3 cucchiai di olio di arachidi (arachidi).

1 fetta di radice di zenzero, tritata

1 peperoncino rosso, tritato

4 gambi di sedano, tagliati in diagonale

15 ml/1 cucchiaio di salsa piccante di fagioli

5 ml/1 cucchiaino di sale

15 ml/1 cucchiaio di vino di riso o sherry secco

5 ml/1 cucchiaino di olio di sesamo

5 ml/1 cucchiaino di aceto di vino

pepe appena macinato

Mettete la carne in una ciotola con la salsa di soia e la salsa di ostriche e lasciate marinare per 30 minuti. Scaldare l'olio e friggere la carne fino a quando non sarà leggermente dorata, quindi rimuoverla dalla padella. Aggiungere lo zenzero e il peperoncino e saltare in padella per qualche secondo. Aggiungere il sedano e soffriggere fino a metà cottura. Aggiungere la carne di manzo, la salsa di fagioli calda e il sale e mescolare bene. Aggiungere il vino o lo sherry, l'olio di sesamo e l'aceto e saltare in padella fino a quando la carne è tenera e gli ingredienti ben amalgamati. Servire cospargendo di pepe.

Manzo speziato tritato

Serve 4

90 ml/6 cucchiai di olio di arachidi (arachidi).

450 g/1 lb di manzo magro, tagliato a listarelle

50 g/2 once di pasta di fagioli al peperoncino

pepe appena macinato

15 ml/1 cucchiaio di radice di zenzero tritata

30 ml/2 cucchiai di vino di riso o sherry secco

225 g/8 once di sedano, tagliato a tocchetti

30 ml/2 cucchiai di salsa di soia

5 ml/1 cucchiaino di zucchero

5 ml/1 cucchiaino di aceto di vino

Scaldare l'olio e friggere la carne fino a doratura. Aggiungere la pasta di fagioli al peperoncino e il pepe e saltare in padella per 3 minuti. Aggiungere lo zenzero, il vino o lo sherry e il sedano e mescolare bene. Aggiungere la salsa di soia, lo zucchero e l'aceto e saltare in padella per 2 minuti.

Manzo marinato con spinaci

Serve 4

450 g/1 lb di manzo magro, affettato sottilmente

45 ml/3 cucchiai di vino di riso o sherry secco

15 ml/1 cucchiaio di salsa di soia

5 ml/1 cucchiaino di zucchero

2,5 ml/¬Ω cucchiaino di olio di sesamo

450 g/1 libbra di spinaci

45 ml/3 cucchiai di olio di arachidi (arachidi).

2 fette di radice di zenzero, tritate

30 ml/2 cucchiai di brodo di manzo

5 ml/1 cucchiaino di farina di mais (amido di mais)

Appiattire leggermente la carne premendo con le dita. Mescolare il vino o lo sherry, la salsa di soia, lo sherry e l'olio di sesamo. Aggiungere la carne, coprire e conservare in frigorifero per 2 ore, mescolando di tanto in tanto. Tagliare le foglie di spinaci a pezzi grossi e i gambi a fette spesse. Scaldare 30 ml/2 cucchiai di olio e saltare in padella i gambi di spinaci e lo zenzero per 2 minuti. Togliere dalla padella.

Riscaldare l'olio rimanente. Scolare la carne, riservando la marinata. Aggiungi metà della carne nella padella, allargando le fette in modo che non si sovrappongano. Cuocere per circa 3 minuti fino a doratura leggera su entrambi i lati. Togliere dalla padella e friggere la carne rimanente, quindi toglierla dalla padella. Unire il brodo e la maizena alla marinata. Aggiungere il composto nella padella e portare a ebollizione. Aggiungere le foglie di spinaci, i gambi e lo zenzero. Cuocere a fuoco lento per circa 3 minuti fino a quando gli spinaci appassiscono, quindi unire la carne. Cuocere per un altro minuto, quindi servire subito.

Manzo di fagioli neri con cipollotti

Serve 4

225 g/8 once di manzo magro, affettato sottilmente

1 uovo, leggermente sbattuto

5 ml/1 cucchiaino di salsa di soia leggera

2,5 ml/½ cucchiaino di vino di riso o sherry secco

2,5 ml/½ cucchiaino di farina di mais (amido di mais)

250 ml/8 fl oz/1 tazza di olio di arachidi (arachidi).

2 spicchi d'aglio, schiacciati

30 ml/2 cucchiai di salsa di fagioli neri

15 ml/1 cucchiaio di acqua

6 cipollotti (scalogno), tagliati in diagonale

2 fette di radice di zenzero, tritate

Mescolare la carne con l'uovo, la salsa di soia, il vino o lo sherry e la maizena. Lasciar riposare per 10 minuti. Scaldare l'olio e friggere la carne fino a cottura quasi ultimata. Togliere dalla padella e scolare bene. Versare tutto tranne 15 ml/1 cucchiaio di olio, riscaldare quindi soffriggere l'aglio e la salsa di fagioli neri per 30 secondi. Aggiungere la carne e l'acqua e friggere per circa 4 minuti fino a quando la carne è tenera.

Nel frattempo, scaldare altri 15 ml/1 cucchiaio di olio e soffriggere brevemente i cipollotti e lo zenzero. Versare la carne su un piatto da portata riscaldato, guarnire con i cipollotti e servire.

Manzo saltato in padella con cipollotti

Serve 4

45 ml/3 cucchiai di olio di arachidi (arachidi).

225 g/8 once di manzo magro, affettato sottilmente

8 cipollotti (scalogno), affettati

75 ml/5 cucchiai di salsa di soia

15 ml/1 cucchiaio di vino di riso o sherry secco

30 ml/2 cucchiai di olio di sesamo

Scaldare l'olio e soffriggere la carne e le cipolle fino a quando non saranno leggermente dorate. Aggiungere la salsa di soia e il vino o lo sherry e saltare in padella fino a quando la carne è cotta a proprio piacimento. Mescolare l'olio di sesamo prima di servire.

Manzo e cipollotti con salsa di pesce

Serve 4

350 g/12 once di manzo magro, affettato sottilmente

15 ml/1 cucchiaio di farina di mais (amido di mais)

15 ml/1 cucchiaio di acqua

2,5 ml/¬Ω cucchiaino di vino di riso o sherry secco

pizzico di bicarbonato di sodio (bicarbonato di sodio)

pizzico di sale

45 ml/3 cucchiai di olio di arachidi (arachidi).

6 cipollotti (scalogno), tagliati a pezzi di 5 cm/2

2 spicchi d'aglio, schiacciati

2 fette di zenzero, tritate

5 ml/1 cucchiaino di salsa di pesce

2,5 ml/¬Ω cucchiaino di salsa di ostriche

Marinare la carne con la maizena, l'acqua, il vino o lo sherry, il bicarbonato di sodio e il sale per 1 ora. Scaldare 30 ml/ 2 cucchiai di olio e soffriggere la carne con metà dei cipollotti, metà dell'aglio e lo zenzero fino a quando non saranno ben dorati. Nel frattempo, scaldare l'olio rimanente e friggere i restanti cipollotti, l'aglio e lo zenzero con la salsa di pesce e la salsa di ostriche finché non si ammorbidiscono. Mescolare i due insieme e riscaldare prima di servire.

Manzo al vapore

Serve 4

450 g/1 libbra di manzo magro, a fette

5 ml/1 cucchiaino di farina di mais (amido di mais)

2 fette di radice di zenzero, tritate

15 ml/1 cucchiaio di salsa di soia

15 ml/1 cucchiaio di vino di riso o sherry secco

2,5 ml/¬Ω cucchiaino di sale

2,5 ml/¬Ω cucchiaino di zucchero

15 ml/1 cucchiaio di olio di arachidi (arachidi).

2 cipollotti (scalogno), tritati

15 ml/1 cucchiaio di prezzemolo a foglia piatta tritato

Metti la carne in una ciotola. Mescolare la farina di mais, lo zenzero, la salsa di soia, il vino o lo sherry, il sale e lo zucchero, quindi incorporarli alla carne. Lasciare riposare per 30 minuti, mescolando di tanto in tanto. Disporre le fette di manzo in una pirofila poco profonda e cospargerle con l'olio e i cipollotti. Cuocere a vapore su una griglia sopra l'acqua bollente per circa 40 minuti fino a quando la carne è cotta. Servire cosparso di prezzemolo.

Stufato di manzo

Serve 4

15 ml/1 cucchiaio di olio di arachidi (arachidi).
1 spicchio d'aglio, schiacciato
1 fetta di radice di zenzero, tritata

Bistecca brasata da 450 g/1 libbra, a cubetti

45 ml/3 cucchiai di salsa di soia

30 ml/2 cucchiai di vino di riso o sherry secco

15 ml/1 cucchiaio di zucchero di canna

300 ml/½ pt/1¼ tazze di brodo di pollo

2 cipolle, tagliate a spicchi

2 carote, a fette spesse

100 g di cavolo, tritato

Scaldare l'olio con l'aglio e lo zenzero e friggere fino a quando l'aglio è leggermente dorato. Aggiungere la bistecca e friggere per 5 minuti fino a doratura. Aggiungere la salsa di soia, il vino o lo sherry e lo zucchero, coprire e cuocere a fuoco lento per 10 minuti. Aggiungere il brodo, portare a ebollizione, coprire e cuocere a fuoco lento per circa 30 minuti. Aggiungere le cipolle, le carote e il cavolo, coprire e cuocere a fuoco lento per altri 15 minuti.

Petto Di Manzo Stufato

Serve 4

Petto di manzo da 450 g/1 libbra

45 ml/3 cucchiai di olio di arachidi (arachidi).

3 cipollotti (scalogno), affettati

2 fette di radice di zenzero, tritate

1 spicchio d'aglio, schiacciato

120 ml/4 fl oz/½ tazza di salsa di soia

5 ml/1 cucchiaino di zucchero

45 ml/3 cucchiai di vino di riso o sherry secco

3 spicchi di anice stellato

4 carote, a cubetti

225 g/8 once di cavolo cinese

15 ml/1 cucchiaio di farina di mais (amido di mais)

45 ml/3 cucchiai di acqua

Metti la carne in una padella e copri appena con acqua. Portare a ebollizione, coprire e cuocere a fuoco lento per circa 1 ½ ore fino a quando la carne è tenera. Togliere dalla padella e scolare bene. Tagliare a cubetti di 2,5 cm/1 e riservare 250 ml/8 fl oz/1 tazza di brodo.

Scaldate l'olio e soffriggete per qualche secondo i cipollotti, lo zenzero e l'aglio. Aggiungere la salsa di soia, lo zucchero, il vino o lo sherry e l'anice stellato e mescolare bene. Aggiungi la carne di manzo e il brodo riservato. Portare a ebollizione, coprire e cuocere a fuoco lento per 20 minuti. Nel frattempo, cuoci il cavolo cinese in acqua bollente finché non diventa tenero. Trasferire la carne e le verdure in un piatto da portata riscaldato. Mescolare la farina di mais e l'acqua fino a ottenere una pasta, unirla alla salsa e cuocere a fuoco lento, mescolando, finché la salsa non si schiarisce e si addensa. Versare sopra la carne e servire con il cavolo cinese.

Manzo saltato in padella

Serve 4

225 g/8 once di manzo magro

45 ml/3 cucchiai di olio di arachidi (arachidi).

1 fetta di radice di zenzero, tritata

2 spicchi d'aglio, schiacciati

2 cipollotti (scalogno), tritati

50 g di funghi, affettati

1 peperone rosso, a fette

225 g di cimette di cavolfiore

50 g/2 oz taccole (taccole)

30 ml/2 cucchiai di salsa di soia

15 ml/1 cucchiaio di farina di mais (amido di mais)

15 ml/1 cucchiaio di vino di riso o sherry secco

120 ml/4 fl oz/¬Ω tazza di brodo di manzo

Tagliare la carne sottilmente contro il grano. Scaldare metà dell'olio e soffriggere lo zenzero, l'aglio e i cipollotti fino a quando non saranno leggermente dorati. Aggiungere la carne di manzo e saltare in padella fino a doratura, quindi togliere dalla padella. Riscaldare l'olio rimanente e saltare in padella le verdure fino a ricoprirle di olio. Incorporare il brodo, portare a ebollizione, coprire e cuocere a fuoco lento fino a quando le verdure sono tenere ma ancora croccanti. Mescolare la salsa di soia, la farina di mais e il vino o lo sherry e mescolare nella padella. Cuocere a fuoco lento, mescolando, fino a quando la salsa si addensa.

Strisce Di Bistecca

Serve 4

Bistecca di scamone da 450 g/1 libbra

120 ml/4 fl oz/½ tazza di salsa di soia

120 ml/4 fl oz/½ tazza di brodo di pollo

1 cm/½ a fetta di radice di zenzero

2 spicchi d'aglio, schiacciati

30 ml/2 cucchiai di vino di riso o sherry secco

15 ml/1 cucchiaio di zucchero di canna

15 ml/1 cucchiaio di olio di arachidi (arachidi).

Rassodare la bistecca nel congelatore, quindi tagliarla a fette lunghe e sottili. Mescolare tutti gli altri ingredienti e marinare la bistecca nella miscela per circa 6 ore. Infilzare la bistecca su spiedini di legno imbevuti e grigliare per alcuni minuti fino a cottura a proprio piacimento, spennellando di tanto in tanto con la marinata.

Manzo al vapore con patate dolci

Serve 4

450 g/1 lb di manzo magro, affettato sottilmente

15 ml/1 cucchiaio di salsa di fagioli neri

15 ml/1 cucchiaio di salsa di fagioli dolci

15 ml/1 cucchiaio di salsa di soia

5 ml/1 cucchiaino di zucchero

2 fette di radice di zenzero, tritate

2 patate dolci, a cubetti

30 ml/2 cucchiai di olio di arachidi (arachidi).

100 g/4 once di pangrattato

15 ml/1 cucchiaio di olio di sesamo

3 cipollotti (scalogno), tritati finemente

Mettete la carne in una ciotola con le salse di fagioli, la salsa di soia, lo zucchero e lo zenzero e lasciate marinare per 30 minuti. Togliere la carne dalla marinata e aggiungere le patate dolci. Lasciar riposare per 20 minuti. Disporre le patate sulla base di una piccola vaporiera di bambù. Passare la carne nel pangrattato e adagiarla sopra le patate. Coprire e cuocere a vapore su acqua bollente per 40 minuti.

Riscaldare l'olio di sesamo e soffriggere i cipollotti per qualche secondo. Versare sopra la carne e servire.

Filetto di manzo

Serve 4

450 g/1 libbra di manzo magro

45 ml/3 cucchiai di vino di riso o sherry secco

15 ml/1 cucchiaio di salsa di soia

10 ml/2 cucchiaini di salsa di ostriche

5 ml/1 cucchiaino di zucchero

5 ml/1 cucchiaino di farina di mais (amido di mais)

2,5 ml/¬Ω cucchiaino di bicarbonato di sodio (bicarbonato di sodio)

pizzico di sale

1 spicchio d'aglio, schiacciato

30 ml/2 cucchiai di olio di arachidi (arachidi).

2 cipolle, affettate sottilmente

Tagliare la carne attraverso il grano a fettine sottili. Mescolare il vino o lo sherry, la salsa di soia, la salsa di ostriche, lo zucchero, la farina di mais, il bicarbonato di sodio, il sale e l'aglio. Mescolare la carne, coprire e conservare in frigorifero per almeno 3 ore. Scaldare l'olio e soffriggere le cipolle per circa 5 minuti fino a doratura. Trasferire su un piatto da portata riscaldato e tenere al caldo. Aggiungi un po' di carne al wok, allargando le fette in modo che non si sovrappongano. Friggere per circa 3 minuti su ciascun lato fino a doratura, quindi disporre sopra le cipolle e continuare a friggere la carne rimanente.

Toast Di Manzo

Serve 4

4 fette di manzo magro

1 uovo sbattuto

50 g/2 oz/¬Ω tazza di noci, tritate

4 fette di pane

olio per friggere

Appiattire le fette di manzo e spennellarle bene con l'uovo. Cospargere con le noci e guarnire con una fetta di pane. Scaldare l'olio e friggere la carne di manzo e le fette di pane per circa 2 minuti. Togliere dall'olio e lasciar raffreddare. Riscaldare l'olio e friggere di nuovo fino a quando non sarà ben dorato.

Carne di manzo al tofu e peperoncino tritata

Serve 4

225 g/8 once di manzo magro, tritato

1 albume d'uovo

2,5 ml/¬Ω cucchiaino di olio di sesamo

5 ml/1 cucchiaino di farina di mais (amido di mais)

pizzico di sale

250 ml/8 fl oz/1 tazza di olio di arachidi (arachidi).

100 g/4 oz di tofu essiccato, tagliato a listarelle

5 peperoncini rossi, tagliati a listarelle

15 ml/1 cucchiaio di acqua

1 fetta di radice di zenzero, tritata

10 ml/2 cucchiaini di salsa di soia

Mescolare la carne di manzo con l'albume, metà dell'olio di sesamo, la maizena e il sale. Scaldare l'olio e saltare in padella la carne fino a cottura quasi ultimata. Togliere dalla padella. Aggiungere il tofu nella padella e saltare in padella per 2 minuti, quindi togliere dalla padella. Aggiungere i peperoncini e saltare in padella per 1 minuto. Rimettete il tofu nella padella con l'acqua, lo zenzero e la salsa di soia e mescolate bene. Aggiungere la carne e saltare in padella fino a quando non sarà ben amalgamata. Servire cospargendo con il restante olio di sesamo.

Manzo con Pomodori

Serve 4

30 ml/2 cucchiai di olio di arachidi (arachidi).

3 cipollotti (scalogno), tagliati a pezzetti

225 g/8 oz di manzo magro, tagliato a listarelle

60 ml/4 cucchiai di brodo di manzo

15 ml/1 cucchiaio di farina di mais (amido di mais)

45 ml/3 cucchiai di acqua

4 pomodori, sbucciati e tagliati in quattro

Scaldare l'olio e soffriggere i cipollotti finché non si ammorbidiscono. Aggiungere la carne di manzo e saltare in padella fino a doratura. Mescolare il brodo, portare a ebollizione, coprire e cuocere a fuoco lento per 2 minuti. Mescolare la farina di mais e l'acqua, mescolare nella padella e cuocere a fuoco lento, mescolando, fino a quando la salsa si addensa. Mescolare i pomodori e cuocere a fuoco lento fino a quando non si saranno riscaldati.

Manzo Cotto Rosso Con Rape

Serve 4

450 g/1 libbra di manzo magro

1 fetta di radice di zenzero, tritata

1 cipollotto (scalogno), tritato 120 ml/4 fl oz/¬Ω tazza di vino di riso o sherry secco

250 ml/8 fl oz/1 tazza di acqua

2 spicchi di anice stellato

1 rapa piccola, a dadini

120 ml/4 fl oz/¬Ω tazza di salsa di soia

15 ml/1 cucchiaio di zucchero

Mettere la carne di manzo, lo zenzero, il cipollotto, il vino o lo sherry, l'acqua e l'anice in una pentola dal fondo pesante, portare a ebollizione, coprire e cuocere a fuoco lento per 45 minuti. Aggiungere la rapa, la salsa di soia e lo zucchero e se necessario ancora un po' d'acqua, riportare a ebollizione, coprire e cuocere a fuoco lento per altri 45 minuti fino a quando la carne è tenera. Lasciar raffreddare. Rimuovere la carne di manzo e la rapa dalla salsa. Affettate la carne di manzo e disponetela su un piatto da portata con la rapa. Filtrare sopra la salsa e servire freddo.

Manzo con Verdure

Serve 4

225 g/8 once di manzo magro

15 ml/1 cucchiaio di farina di mais (amido di mais)

15 ml/1 cucchiaio di salsa di soia

15 ml/1 cucchiaio di vino di riso o sherry secco

2,5 ml/½ cucchiaino di zucchero

45 ml/3 cucchiai di olio di arachidi (arachidi).

1 fetta di radice di zenzero, tritata

2,5 ml/½ cucchiaino di sale

100 g di cipolla, affettata

2 gambi di sedano, affettati

1 peperone rosso, a fette

100 g di germogli di bambù, tagliati a fette

100 g/4 once di carote, a fette

120 ml/4 fl oz/¬Ω tazza di brodo di manzo

Tagliare la carne sottilmente contro il grano e metterla in una ciotola. Mescolare insieme la farina di mais, la salsa di soia, il vino o lo sherry e lo zucchero, versare sopra la carne e mescolare per ricoprire. Lasciar riposare per 30 minuti girando di tanto in tanto. Scaldare metà dell'olio e saltare in padella la carne fino a doratura, quindi rimuoverla dalla padella. Riscaldare l'olio rimanente, incorporare lo zenzero e il sale, quindi aggiungere le verdure e saltare in padella finché non saranno ricoperte di olio. Incorporare il brodo, portare a ebollizione, coprire e cuocere a fuoco lento fino a quando le verdure sono tenere ma ancora croccanti. Riporta la carne nella padella e mescola a fuoco dolce per circa 1 minuto per riscaldarla.

Stufato Di Manzo

Serve 4

Arrotolato di manzo da 350 g/12 oz

30 ml/2 cucchiai di zucchero

30 ml/2 cucchiai di vino di riso o sherry secco

30 ml/2 cucchiai di salsa di soia

5 ml/1 cucchiaino di cannella

2 cipollotti (scalogno), tritati

1 fetta di radice di zenzero, tritata

45 ml/3 cucchiai di olio di sesamo

Portare a ebollizione una casseruola d'acqua, aggiungere la carne, riportare l'acqua a ebollizione e far bollire rapidamente per sigillare la carne. Togliere dalla padella. Metti la carne in una padella pulita e aggiungi tutti gli altri ingredienti, tenendo da parte 15 ml/1 cucchiaio di olio di sesamo. Riempite la padella con acqua appena sufficiente a coprire la carne, portate a ebollizione, coprite e fate sobbollire dolcemente per circa 1 ora fino a quando la carne è tenera. Cospargere con l'olio di sesamo rimanente prima di servire.

Bistecca Ripiena

Serve 4,Äì6

Bistecca di scamone da 675 g/1¬Ω lb in un unico pezzo

60 ml/4 cucchiai di aceto di vino

30 ml/2 cucchiai di zucchero

10 ml/2 cucchiaini di salsa di soia

2,5 ml/¬Ω cucchiaino di pepe macinato fresco

2,5 ml/¬Ω cucchiaino di chiodi di garofano interi

5 ml/1 cucchiaino di cannella in polvere

1 foglia di alloro, schiacciata

225 g/8 once di riso cotto a grani lunghi

5 ml/1 cucchiaino di prezzemolo fresco tritato

pizzico di sale

30 ml/2 cucchiai di olio di arachidi (arachidi).

30 ml/2 cucchiai di strutto

1 cipolla, affettata

Metti la bistecca in una ciotola capiente. In una pentola portare a ebollizione l'aceto di vino, lo zucchero, la salsa di soia, il pepe, i chiodi di garofano, la cannella e l'alloro, quindi lasciar raffreddare. Versare sulla bistecca, coprire e lasciare marinare in frigorifero per una notte, girando di tanto in tanto.

Mescolare il riso, il prezzemolo, il sale e l'olio. Scolare la carne e distribuire il composto sulla bistecca, arrotolare e legare saldamente con lo spago. Sciogliere lo strutto, aggiungere la cipolla e la bistecca e friggere fino a doratura su tutti i lati. Versare abbastanza acqua quasi da coprire la bistecca, coprire e cuocere a fuoco lento per 1 Ω ore o fino a quando la carne è tenera.

Gnocchi Di Manzo

Serve 4

450 g/1 lb di farina normale (per tutti gli usi).

1 bustina di lievito easy-mix

10 ml/2 cucchiaini di zucchero semolato

5 ml/1 cucchiaino di sale

300 ml/¬Ω pt/1¬º tazza di latte caldo o acqua

30 ml/2 cucchiai di olio di arachidi (arachidi).

225 g/8 once di manzo tritato (macinato).

1 cipolla, tritata

2 pezzi di gambo di zenzero, tritato

50 g di anacardi, tritati

2,5 ml/½ cucchiaino di cinque spezie in polvere

15 ml/1 cucchiaio di salsa di soia

30 ml/2 cucchiai di salsa hoisin

2,5 ml/½ cucchiaino di aceto di vino

15 ml/1 cucchiaio di farina di mais (amido di mais)

45 ml/3 cucchiai di acqua

Mescolare la farina, il lievito, lo zucchero, il sale e il latte caldo o l'acqua e impastare fino a ottenere un impasto liscio. Coprite e lasciate lievitare in un luogo caldo per 45 minuti. Scaldare l'olio e friggere la carne fino a quando non sarà leggermente dorata. Aggiungere la cipolla, lo zenzero, gli anacardi, la polvere di cinque spezie, la salsa di soia, la salsa hoisin e l'aceto di vino e portare a ebollizione. Mescolare la farina di mais e l'acqua, incorporare alla salsa e cuocere a fuoco lento per 2 minuti. Lasciar raffreddare. Formate con l'impasto 16 palline. Appiattire, versare un po' di ripieno in ciascuna e chiudere l'impasto attorno al ripieno. Mettere in un cestello per la cottura a vapore in un wok o in una padella, coprire e cuocere a vapore in acqua salata per circa 30 minuti.

Polpette Croccanti

Serve 4

225 g/8 once di manzo tritato (macinato).

100 g di castagne d'acqua, tritate

2 uova sbattute

5 ml/1 cucchiaino di scorza d'arancia grattugiata

5 ml/1 cucchiaino di radice di zenzero tritata

5 ml/1 cucchiaino di sale

15 ml/1 cucchiaio di farina di mais (amido di mais)

225 g/8 once/2 tazze di farina normale (per tutti gli usi).

5 ml/1 cucchiaino di lievito in polvere

300 ml/¬Ω pt/1¬Ω tazze d'acqua

15 ml/1 cucchiaio di olio di arachidi (arachidi).

olio per friggere

Amalgamare la carne di manzo, le castagne d'acqua, 1 uovo, la scorza d'arancia, lo zenzero, il sale e la maizena. Formare delle piccole palline. Disporre in una ciotola in un piroscafo sopra l'acqua bollente e cuocere a vapore per circa 20 minuti fino a cottura. Lasciar raffreddare.

Mescolare la farina, il lievito, l'uovo rimasto, l'acqua e l'olio di arachidi fino a ottenere una pastella densa. Immergere le polpette nella pastella. Scaldare l'olio e friggere le polpette fino a doratura.

Manzo macinato con anacardi

Serve 4

450 g/1 lb di manzo macinato (macinato).

¬Ω albume d'uovo

5 ml/1 cucchiaino di salsa di ostriche

5 ml/1 cucchiaino di salsa di soia leggera

qualche goccia di olio di sesamo

25 g/1 oz di prezzemolo fresco, tritato

45 ml/3 cucchiai di olio di arachidi (arachidi).

25 g/1 oz/¬º tazza di anacardi, tritati

15 ml/1 cucchiaio di brodo di manzo

4 foglie di lattuga grandi

Mescolare la carne di manzo con l'albume, la salsa di ostriche, la salsa di soia, l'olio di sesamo e il prezzemolo e lasciar riposare. Scaldate metà dell'olio e friggete gli anacardi finché non saranno leggermente dorati, quindi toglieteli dalla padella. Riscaldare l'olio rimanente e saltare in padella il composto di carne fino a doratura. Aggiungere il brodo e continuare a soffriggere fino a quando quasi tutto il liquido sarà evaporato. Disporre le foglie di lattuga su un piatto da portata riscaldato e versare la carne. Servire cospargendo con gli anacardi fritti

Manzo in salsa rossa

Serve 4

60 ml/4 cucchiai di olio di arachidi (arachidi).

450 g/1 lb di manzo macinato (macinato).

1 cipolla, tritata

1 peperone rosso, tritato

1 peperone verde, tritato

2 fette di ananas, tritate

45 ml/3 cucchiai di salsa di soia

45 ml/3 cucchiai di vino bianco secco

30 ml/2 cucchiai di aceto di vino

30 ml/2 cucchiai di miele

300 ml/¬Ω pt/1¬º tazze di brodo di manzo

sale e pepe macinato fresco

qualche goccia di olio al peperoncino

Scaldare l'olio e friggere la carne fino a quando non sarà leggermente dorata. Aggiungere le verdure e l'ananas e saltare in padella per 3 minuti. Aggiungere la salsa di soia, il vino, l'aceto di vino, il miele e il brodo. Portare a ebollizione, coprire e cuocere a fuoco lento per 30 minuti fino a cottura. Condire a piacere con sale, pepe e olio al peperoncino.

Polpette di manzo con riso glutinoso

Serve 4

225 g/8 once di riso glutinoso

450 g/1 lb di manzo magro, tritato (macinato)

1 fetta di radice di zenzero, tritata

1 cipolla piccola, tritata

1 uovo, leggermente sbattuto

15 ml/1 cucchiaio di salsa di soia

2,5 ml/¬Ω cucchiaino di farina di mais (amido di mais)

2,5 ml/¬Ω cucchiaino di zucchero

2,5 ml/¬Ω cucchiaino di sale

5 ml/1 cucchiaino di vino di riso o sherry secco

Ammollare il riso per 30 minuti, quindi scolarlo e distribuirlo su un piatto. Mescolare la carne di manzo, lo zenzero, la cipolla, l'uovo, la salsa di soia, la farina di mais, lo zucchero, il sale e il vino o lo sherry. Formate delle palline delle dimensioni di una noce. Arrotolare le polpette nel riso per ricoprirle completamente, quindi disporle su una pirofila poco profonda con degli spazi tra loro. Cuocere a vapore su una griglia sopra l'acqua bollente per 30 minuti. Servire con salse di salsa di soia e senape cinese.

Polpette con salsa agrodolce

Serve 4

450 g/1 lb di manzo macinato (macinato).

1 cipolla, tritata finemente

25 g/1 oz di castagne d'acqua, tritate finemente

15 ml/1 cucchiaio di salsa di soia

15 ml/1 cucchiaio di vino di riso o sherry secco

1 uovo sbattuto

100 g/4 oz/¬Ω tazza di farina di mais (amido di mais)

olio per friggere

Per la salsa:

15 ml/1 cucchiaio di olio di arachidi (arachidi).

1 peperone verde, a cubetti

100 g di pezzi di ananas sciroppati

100 g/4 oz di sottaceti dolci cinesi misti

100 g/4 once/¬Ω tazza di zucchero di canna

120 ml/4 fl oz/¬Ω tazza di brodo di pollo

60 ml/4 cucchiai di aceto di vino

15 ml/1 cucchiaio di passata di pomodoro (pasta)

15 ml/1 cucchiaio di farina di mais (amido di mais)

15 ml/1 cucchiaio di salsa di soia

sale e pepe macinato fresco

45 ml/3 cucchiai di cocco grattugiato

Mescolare il manzo, la cipolla, le castagne d'acqua, la salsa di soia e il vino o lo sherry. Formate delle palline e passatele nell'uovo sbattuto e poi nella maizena. Friggere in olio bollente per pochi minuti fino a doratura. Trasferire su un piatto da portata riscaldato e tenerli al caldo.

Nel frattempo, scaldare l'olio e soffriggere il peperone per 2 minuti. Aggiungere 30 ml/2 cucchiai di sciroppo d'ananas, 15 ml/1 cucchiaio di aceto di sottaceti, lo zucchero, il brodo, l'aceto di vino, la passata di pomodoro, la farina di mais e la salsa di soia. Mescolare bene, portare a ebollizione e cuocere a fuoco lento, mescolando, fino a quando il composto si schiarisce e si addensa. Scolare l'ananas e i sottaceti rimanenti e aggiungerli nella padella. Cuocere a fuoco lento, mescolando, per 2 minuti. Versare sopra le polpette e servire cosparse di cocco.

Budino Di Carne Al Vapore

Serve 4

6 funghi cinesi secchi

225 g/8 once di manzo tritato (macinato).

225 g/8 once di maiale tritato (macinato).

1 cipolla, a dadini

20 ml/2 cucchiai di chutney di mango

30 ml/2 cucchiai di salsa hoisin

30 ml/2 cucchiai di salsa di soia

5 ml/1 cucchiaino di cinque spezie in polvere

1 spicchio d'aglio, schiacciato

5 ml/1 cucchiaino di sale

1 uovo sbattuto

45 ml/3 cucchiai di farina di mais (amido di mais)

60 ml/4 cucchiai di erba cipollina tritata

10 foglie di cavolo

300 ml/¬Ω pt/1¬º tazze di brodo di manzo

Immergere i funghi in acqua tiepida per 30 minuti, quindi scolarli. Scartare i cappucci e tritare i cappucci. Mescolare con la carne macinata, la cipolla, il chutney, la salsa hoisin, la salsa di soia, la polvere di cinque spezie e l'aglio e condire con sale. Aggiungere l'uovo e la maizena e mescolare l'erba cipollina. Foderare il cestello per la cottura a vapore con le foglie di cavolo. Modella il trito a forma di torta e posizionalo sulle foglie. Coprire e cuocere a vapore sul brodo di carne a fuoco lento per 30 minuti.

Manzo Macinato Al Vapore

Serve 4

450 g/1 lb di manzo macinato (macinato).

2 cipolle, tritate finemente

100 g castagne d'acqua, finemente

tritato

60 ml/4 cucchiai di salsa di soia

60 ml/4 cucchiai di vino di riso o sherry secco

sale e pepe macinato fresco

Mescolare tutti gli ingredienti, condire a piacere con sale e pepe. Premere in una piccola ciotola resistente al calore e mettere in un piroscafo sopra l'acqua bollente. Coprire e cuocere a vapore per circa 20 minuti fino a quando la carne è cotta e il piatto ha creato la sua gustosa salsa.

Macinato saltato in padella con salsa di ostriche

Serve 4

30 ml/2 cucchiai di olio di arachidi (arachidi).

2 spicchi d'aglio, schiacciati

225 g/8 once di manzo tritato (macinato).

1 cipolla, tritata

50 g di castagne d'acqua, tritate

50 g/2 once di germogli di bambù, tritati

15 ml/1 cucchiaio di salsa di soia

30 ml/2 cucchiai di vino di riso o sherry secco

15 ml/1 cucchiaio di salsa di ostriche

Scaldare l'olio e friggere l'aglio fino a quando non sarà leggermente dorato. Aggiungere la carne e mescolare fino a doratura su tutti i lati. Aggiungere la cipolla, le castagne d'acqua e i germogli di bambù e saltare in padella per 2 minuti. Mescolare la salsa di soia e il vino o lo sherry, coprire e cuocere a fuoco lento per 4 minuti.

Involtini Di Manzo

Serve 4

350 g/12 once di manzo tritato (macinato).

1 uovo sbattuto

5 ml/1 cucchiaino di farina di mais (amido di mais)

5 ml/1 cucchiaino di olio di arachidi (arachidi).

sale e pepe macinato fresco

4 cipollotti (scalogno), tritati

8 involucri per involtini primavera olio per friggere

Mescolare la carne di manzo, l'uovo, la maizena, l'olio, il sale, il pepe e i cipollotti. Lasciar riposare per 1 ora. Mettete a cucchiaiate il composto in ogni involucro di involtino primavera, ripiegate la base, ripiegate i lati quindi arrotolate i fogli, sigillando i bordi con un po' d'acqua. Scaldare l'olio e friggere gli involtini fino a doratura e cottura. Scolare bene prima di servire.

Polpette di manzo e spinaci

Serve 4

450 g/1 lb di manzo macinato (macinato).

1 uovo

100 g/4 once di pangrattato

60 ml/4 cucchiai di acqua

15 ml/1 cucchiaio di farina di mais (amido di mais)

2,5 ml/¬Ω cucchiaino di sale

15 ml/1 cucchiaio di vino di riso o sherry secco

30 ml/2 cucchiai di olio di arachidi (arachidi).

45 ml/3 cucchiai di salsa di soia

120 ml/4 fl oz/¬Ω tazza di brodo di manzo

350 g/12 once di spinaci, tritati

Mescolare la carne di manzo, l'uovo, il pangrattato, l'acqua, la farina di mais, il sale e il vino o lo sherry. Formate delle palline della grandezza di una noce. Scaldare l'olio e friggere le polpette fino a doratura su tutti i lati. Togliere dalla padella e scolare l'olio in eccesso. Aggiungere la salsa di soia e il brodo nella padella e rimettere le polpette. Portare a ebollizione, coprire e cuocere a fuoco lento per 30 minuti, girando di tanto in tanto. Cuocere a vapore gli spinaci in una padella separata fino a quando non si ammorbidiscono, quindi incorporarli alla carne e scaldare.

Manzo saltato in padella con tofu

Serve 4

20 ml/4 cucchiaini di farina di mais (amido di mais)

10 ml/2 cucchiaini di salsa di soia

10 ml/2 cucchiaini di vino di riso o sherry secco

225 g/8 once di manzo tritato (macinato).

2,5 ml/½ cucchiaino di zucchero

30 ml/2 cucchiai di olio di arachidi (arachidi).

2,5 ml/½ cucchiaino di sale

1 spicchio d'aglio, schiacciato

120 ml/4 fl oz/½ tazza di brodo di manzo

225 g/8 once di tofu, a cubetti

2 cipollotti (scalogno), tritati

pizzico di pepe macinato fresco

Mescola metà della farina di mais, metà della salsa di soia e metà del vino o dello sherry. Aggiungere alla carne e mescolare bene. Scaldare l'olio e soffriggere il sale e l'aglio per qualche secondo. Aggiungere la carne di manzo e saltare in padella fino a doratura. Mescolare il brodo e portare a ebollizione. Aggiungere il tofu, coprire e cuocere a fuoco lento per 2 minuti. Mescolare la restante farina di mais, la salsa di soia e il vino o lo sherry, aggiungerli nella padella e cuocere a fuoco lento, mescolando, finché la salsa non si addensa.

Agnello con asparagi

Serve 4

350 g/12 once di asparagi

450 g/1 libbra di agnello magro

45 ml/3 cucchiai di olio di arachidi (arachidi).

sale e pepe macinato fresco

2 spicchi d'aglio, schiacciati

250 ml/8 fl oz/1 tazza di brodo

1 pomodoro, sbucciato e tagliato a spicchi

15 ml/1 cucchiaio di farina di mais (amido di mais)

45 ml/3 cucchiai di acqua

15 ml/1 cucchiaio di salsa di soia

Tagliare gli asparagi a pezzetti diagonali e metterli in una ciotola. Versare sopra l'acqua bollente e lasciare riposare per 2 minuti, quindi scolare. Tagliare l'agnello sottilmente contro il grano. Scaldare l'olio e saltare in padella l'agnello finché non diventa leggermente colorato. Aggiungere il sale, il pepe e l'aglio e saltare in padella per 5 minuti. Aggiungere gli asparagi, il brodo e il pomodoro, portare a ebollizione, coprire e cuocere a fuoco lento per 2 minuti. Mescolare la farina di mais, l'acqua e la salsa di soia fino a ottenere una pasta, mescolarla nella padella e cuocere a fuoco lento, mescolando, fino a quando la salsa si schiarisce e si addensa.

Agnello alla brace

Serve 4

450 g/1 lb di agnello magro, tagliato a listarelle

120 ml/4 fl oz/½ tazza di salsa di soia

120 ml/4 fl oz/½ tazza di vino di riso o sherry secco

1 spicchio d'aglio, schiacciato

3 cipollotti (scalogno), tritati

5 ml/1 cucchiaino di olio di sesamo

sale e pepe macinato fresco

Metti l'agnello in una ciotola. Mescolare gli altri ingredienti, versare sull'agnello e lasciare marinare per 1 ora. Grigliare (grigliare) sui carboni ardenti fino a quando l'agnello è cotto, ungendo con la salsa, se necessario.

Agnello con fagiolini

Serve 4

450 g di fagiolini, tagliati a julienne

45 ml/3 cucchiai di olio di arachidi (arachidi).

450 g/1 libbra di agnello magro, affettato sottilmente

250 ml/8 fl oz/1 tazza di brodo

5 ml/1 cucchiaino di sale

2,5 ml/¬Ω cucchiaino di pepe macinato fresco

15 ml/1 cucchiaio di farina di mais (amido di mais)

5 ml/1 cucchiaino di salsa di soia

75 ml/5 cucchiai di acqua

Sbollentare i fagioli in acqua bollente per 3 minuti poi scolarli bene. Scaldare l'olio e friggere la carne fino a quando non sarà leggermente dorata su tutti i lati. Aggiungere il brodo, portare a ebollizione, coprire e cuocere a fuoco lento per 5 minuti. Aggiungere i fagioli, sale e pepe, coprire e cuocere a fuoco lento per 4 minuti fino a quando la carne è cotta. Frullare la farina di mais, la salsa di soia e l'acqua fino a ottenere una pasta, aggiungere nella padella e cuocere a fuoco lento, mescolando, fino a quando la salsa si schiarisce e si addensa.

brasato di agnello

Serve 4

450 g di spalla di agnello disossata, a dadini

15 ml/1 cucchiaio di olio di arachidi (arachidi).

4 cipollotti (scalogno), affettati

10 ml/2 cucchiaini di radice di zenzero grattugiata

200 ml/¬Ω pt/1¬º tazze di brodo di pollo

30 ml/2 cucchiai di zucchero

30 ml/2 cucchiai di salsa di soia

15 ml/1 cucchiaio di salsa hoisin

15 ml/1 cucchiaio di vino di riso o sherry secco

5 ml/1 cucchiaino di olio di sesamo

Sbollentare l'agnello in acqua bollente per 5 minuti, quindi scolarlo. Scaldare l'olio e soffriggere l'agnello per circa 5 minuti fino a doratura. Togliere dalla padella e scolare su carta da cucina. Rimuovi tutto tranne 15 ml / 1 cucchiaio di olio dalla padella. Riscaldare l'olio e soffriggere i cipollotti e lo zenzero per 2 minuti. Rimettete la carne nella padella con gli altri ingredienti. Portare a ebollizione, coprire e cuocere a fuoco lento per 1 Ω ore fino a quando la carne è tenera.

Agnello con Broccoli

Serve 4

75 ml/5 cucchiai di olio di arachidi (arachidi).

1 spicchio d'aglio, schiacciato

450 g/1 lb di agnello, tagliato a listarelle

450 g di cimette di broccoli

250 ml/8 fl oz/1 tazza di brodo

5 ml/1 cucchiaino di sale

2,5 ml/¬Ω cucchiaino di pepe macinato fresco

30 ml/2 cucchiai di farina di mais (amido di mais)

75 ml/5 cucchiai di acqua

5 ml/1 cucchiaino di salsa di soia

Scaldare l'olio e friggere l'aglio e l'agnello fino a cottura ultimata. Aggiungere i broccoli e il brodo, portare a ebollizione, coprire e cuocere a fuoco lento per circa 15 minuti fino a quando i broccoli sono teneri. Condire con sale e pepe. Mescolare la farina di mais, l'acqua e la salsa di soia fino a ottenere una pasta, mescolarla nella padella e cuocere a fuoco lento, mescolando, fino a quando la salsa si schiarisce e si addensa.

Agnello con castagne d'acqua

Serve 4

350 g/12 once di agnello magro, tagliato a tocchetti

15 ml/1 cucchiaio di olio di arachidi (arachidi).

2 cipollotti (scalogno), affettati

2 fette di radice di zenzero, tritate

2 peperoncini rossi, tritati

600 ml/1 pt/2¬Ω tazze d'acqua

100 g di rapa, a cubetti

1 carota, a dadini

1 bastoncino di cannella

2 spicchi di anice stellato

2,5 ml/¬Ω cucchiaino di zucchero

15 ml/1 cucchiaio di salsa di soia

15 ml/1 cucchiaio di vino di riso o sherry secco

100 g di castagne d'acqua

15 ml/1 cucchiaio di farina di mais (amido di mais)

45 ml/3 cucchiai di acqua

Sbollentare l'agnello in acqua bollente per 2 minuti, quindi scolarlo. Scaldare l'olio e friggere i cipollotti, lo zenzero e il peperoncino per 30 secondi. Aggiungere l'agnello e saltare in padella fino a quando non sarà ben ricoperto dalle spezie. Aggiungere gli altri ingredienti tranne le castagne d'acqua, la farina di mais e l'acqua, portare a ebollizione, coprire parzialmente e cuocere a fuoco lento per circa 1 ora fino a quando l'agnello è tenero. Controllare di tanto in tanto e rabboccare con acqua bollente se necessario. Togliere la cannella e l'anice, aggiungere le castagne d'acqua e cuocere a fuoco lento, scoperto per circa 5 minuti. Mescolare la farina di mais e l'acqua fino a ottenere una pasta e mescolare un po 'nella salsa. Cuocere a fuoco lento, mescolando, fino a quando la salsa si addensa. Potresti non aver bisogno di tutta la pasta di farina di mais se hai lasciato ridurre la salsa durante la cottura.

Agnello con cavolo

Serve 4

45 ml/3 cucchiai di olio di arachidi (arachidi).

450 g/1 libbra di agnello, affettato sottilmente

sale e pepe nero appena macinato

1 spicchio d'aglio, schiacciato

450 g/1 lb di cavolo cinese, tritato

120 ml/4 fl oz/¬Ω di riserva per tazza

15 ml/1 cucchiaio di farina di mais (amido di mais)

15 ml/1 cucchiaio di salsa di soia

60 ml/4 cucchiai di acqua

Scaldare l'olio e friggere l'agnello, sale, pepe e aglio fino a doratura. Aggiungere il cavolo e mescolare fino a quando non sarà ricoperto di olio. Aggiungere il brodo, portare a ebollizione, coprire e cuocere a fuoco lento per 10 minuti. Mescolare la farina di mais, la salsa di soia e l'acqua fino a ottenere una pasta, mescolare nella padella e cuocere a fuoco lento, mescolando, fino a quando la salsa si schiarisce e si addensa.

Chow mein di agnello

Serve 4

450 g di pasta all'uovo

45 ml/3 cucchiai di olio di arachidi (arachidi).

450 g/1 libbra di agnello, a fette

1 cipolla, affettata

1 cuore di sedano, affettato

100 g di funghi

100 g di germogli di soia

20 ml/2 cucchiaini di farina di mais (amido di mais)

175 ml/6 fl oz/¬æ tazza di acqua

sale e pepe macinato fresco

Cuocere le tagliatelle in acqua bollente per circa 8 minuti quindi scolarle. Scaldare l'olio e saltare in padella l'agnello fino a quando non sarà leggermente dorato. Aggiungere la cipolla, il sedano, i funghi e i germogli di soia e

saltare in padella per 5 minuti. Mescolare la farina di mais e l'acqua, versare nella padella e portare a ebollizione. Cuocere a fuoco lento, mescolando, fino a quando la salsa si addensa. Versare sopra le tagliatelle e servire subito.

Curry di agnello

Serve 4

30 ml/2 cucchiai di olio di arachidi (arachidi).

2 spicchi d'aglio, schiacciati

1 fetta di radice di zenzero, tritata

450 g/1 libbra di agnello magro, a cubetti

100 g di patate, a cubetti

2 carote, a cubetti

15 ml/1 cucchiaio di curry in polvere

250 ml/8 fl oz/1 tazza di brodo di pollo

100 g di funghi, affettati

1 peperone verde, a dadini

50 g di castagne d'acqua, a fette

Scaldare l'olio e friggere l'aglio e lo zenzero fino a quando non saranno leggermente dorati. Aggiungere l'agnello e saltare in padella per 5 minuti. Aggiungere la patata e le carote e saltare in padella per 3 minuti. Aggiungere il curry in polvere e saltare in padella per 1 minuto. Aggiungere il brodo, portare a ebollizione, coprire e cuocere a fuoco lento per circa 25 minuti. Aggiungere i funghi, il pepe e le castagne d'acqua e cuocere a fuoco lento per 5 minuti. Se preferite una salsa più densa, fate bollire per qualche minuto per far restringere la salsa oppure addensatela con 15 ml/1 cucchiaio di maizena mescolata con un po' d'acqua.

Agnello profumato

Serve 4

30 ml/2 cucchiai di olio di arachidi (arachidi).

450 g/1 libbra di agnello magro, a cubetti

2 cipollotti (scalogno), tritati

1 spicchio d'aglio, schiacciato

1 fetta di radice di zenzero, tritata

120 ml/4 fl oz/¬Ω tazza di salsa di soia

15 ml/1 cucchiaio di vino di riso o sherry secco

15 ml/1 cucchiaio di zucchero di canna

2,5 ml/¬Ω cucchiaino di sale

pepe appena macinato

300 ml/¬Ω pt/1¬º tazze d'acqua

Scaldare l'olio e friggere l'agnello fino a quando non sarà leggermente dorato. Aggiungere i cipollotti, l'aglio e lo zenzero e soffriggere per 2 minuti. Aggiungere la salsa di soia, il vino o lo sherry, lo zucchero e il sale e condire a piacere con il pepe. Amalgamare bene gli ingredienti.

Aggiungere l'acqua, portare ad ebollizione, coprire e cuocere a fuoco lento per 2 ore.

Cubetti Di Agnello Alla Griglia

Serve 4

120 ml/4 fl oz/¬Ω tazza di olio di arachidi (arachidi).

60 ml/4 cucchiai di aceto di vino

2 spicchi d'aglio, schiacciati

15 ml/1 cucchiaio di salsa di soia

5 ml/1 cucchiaino di sale

2,5 ml/¬Ω cucchiaino di pepe macinato fresco

2,5 ml/¬Ω cucchiaino di origano

450 g/1 libbra di agnello magro, a cubetti

Mescolare tutti gli ingredienti, coprire e lasciare marinare per una notte. Drenare. Disporre la carne su una griglia (griglia) e grigliare (grigliare) per circa 15 minuti, girando più volte, fino a quando l'agnello è tenero e leggermente dorato.

www.ingramcontent.com/pod-product-compliance
Lightning Source LLC
Chambersburg PA
CBHW071238080526
44587CB00013BA/1674